The Realities of Our Worlds

Las realidades de nuestros mundos

Image designed by Vectorarte / Freepik

Written by / Escrito por
Juntos Writers
at East Wake High School
Raleigh, North Carolina

The Realities of Our Worlds

A Collection of Writings by at Juntos' Students Writers at East Wake High School

Copyright © 2023
Literacy & Community Initiative / Juntos NC
Individual Authors

All rights reserved. This book or any portion thereof may not be reproduced or used in any manner whatsoever without the express written permission of the publisher except for the use of brief quotations in a book review or scholarly journal.

Editor & Literacy & Community Initiative Site Coordinator: María Heysha Carrillo

Juntos NC Co-developer and Executive Director: Diana Urieta

Director, Literacy & Community Initiative: Crystal Chen Lee
Co-Director, Literacy & Community Initiative: Jose Picart

Literacy and Community Initiative
College of Education &
Friday Institute for Educational Innovation
North Carolina State University
2310 Stinson Drive
Raleigh, NC 27605

PARTNERS / SOCIOS

TABLE OF CONTENTS / TABLA DE CONTENIDO

Acknowledgements / Agradecimientos
8   Dr. Crystal Chen Lee
12   Dean Paola Sztajn
14   Dr. Shaun Kellogg
16   Dr. Kevin Oliver

Introductions / Introducciones
18   Diana Urieta
20   María Heysha Carrillo

Chapter 1: Where we are from
Capítulo 1: De donde somos

Alvaro Ruch
26   I Am From Cameras
27   Soy de una cámara

Ana Chavez Covarrubias
28   I Am From Pencils
29   Soy de lápices

Devin Guillen Mejia
30   I Am From Soccer Balls
31   Soy de balones de fútbol

Kamilah Torres Ruiz
32   Being From Puerto Rico
33   Ser de Puerto Rico

Maira Mendez Claudio
34   Mis raíces mexicanas
35   My Mexican Roots

Miriam Durazno Campanilla
36   What I'm Made Of
37   De lo que estoy hecha

Chapter 2: Life en dos mundos
Capítulo 2: La vida in two worlds

Alvaro Ruch
40   Un día como hoy
41   On a Day Like Today

Ana Chavez Covarrubias
42   The Two Views
43   Las dos visiones

Jeremie Romero
44   Memory of My Family
46   Memoria de mi familia

Kamilah Torres Ruiz
48   My Life in Two Worlds
49   Mi vida en dos mundos

Maira Mendez Claudio
50   Yo nací en México
52   I Was Born in Mexico

Miriam Durazno Campanilla
54   I Will Be a Line Leader
56   Seré la líder de la línea

Capítulo 3: Mi familia
Chapter 3: My family

Alvaro Ruch
60   Mi nombre es

61   My Name Is

Ana Chavez Covarrubias
62   The History of My Family
64   La historia de mi familia

Devin Guillen Mejia
66   The People Who Gave Me Life
68   Las personas que me dieron la vida

Maira Mendez Claudio
70   Mi árbol genealógico
73   My Family Tree

Chapter 4: My community
Capítulo 4: Mi comunidad

Maira Mendez Claudio
78   The Community
80   La comunidad

Miriam Durazno Campanilla
83   "We Came to Give You a Better Life"
85   "Vinimos a darles una mejor vida"

Chapter 5: To whom it may concern
Capítulo 5: A quién pueda interesar

Jonathan Bonilla Reyes
88   Oportunidades para mi vida
90   Opportunities For My Life

Kamilah Torres Ruiz
92   Dear Future Me
94   Querida Yo del futuro

Maira Mendez Claudio
96 Sueños y aspiraciones
98 Dreams and Aspirations

Miriam Durazno Campanilla
100 From Me To You
102 De mí para tí

Appendix / Apéndice
106 Author Biographies / Biografías de los autores
115 About Juntos
117 Sobre Juntos
120 About the Juntos Leadership
124 Sobre el liderazgo de Juntos
128 About North Carolina State University
131 Sobre la Universidad Estatal de Carolina del Norte
134 About Literacy and Community Initiative
136 Sobre la Iniciativa de Lecto-escritura y Comunidad
139 About the LCI Leadership
143 Sobre el liderazgo del LCI

ACKNOWLEDGEMENTS

This third book by Juntos is a powerful example of how students describe the beauty and tensions of living in between two worlds as immigrant students in NC. This book, written in both Spanish and English, demonstrates the juxtaposition of living in the "in-betweenness" as students write about and honor their histories, cultures, and lived experiences.

I want to thank Juntos for their partnership and for their human and financial resources in the project. I specifically name Diana Urieta and Yessenia Campos Franco for their dedication in pushing this project forward. I especially want to thank the Juntos staff and work-study students for their tireless commitment to students and for translating the publication so that it showcases students' assets and stories in both languages.

I also thank North Carolina State University, the Friday Institute of Educational Innovation, and Wake Promise for its generous funding and its mission to meet the needs of historically underserved populations in North Carolina.

A special thank you to my research assistant, María Heysha Carrillo Carrasquillo, for her detailed work in leading, teaching, and editing this project. This work would not be possible without her leadership.

It is with great honor and immense gratitude that we present the third Juntos publication---we hope it inspires and teaches those who read and hear about these authors' journeys.

Dr. Crystal Chen Lee
Founder & Director, Literacy and Community Initiative
Assistant Professor, North Carolina State University

AGRADECIMIENTOS

NC STATE UNIVERSITY

Este tercer libro de Juntos es un poderoso ejemplo de cómo los estudiantes describen la belleza y las tensiones de vivir entre dos mundos como estudiantes inmigrantes en NC. Este libro, escrito en español e inglés, demuestra la yuxtaposición de vivir en el "intermedio" a medida que los estudiantes escriben y honran sus historias, culturas y experiencias vividas.

Quiero agradecer a Juntos por su colaboración y por sus recursos humanos y financieros en el proyecto. Específicamente nombro a Diana Urieta y Yessenia Campos Franco por su dedicación en sacar adelante este proyecto. Quiero agradecer especialmente al personal de Juntos y a los estudiantes de trabajo y estudio por su incansable compromiso con los estudiantes y por traducir la publicación para que muestre los recursos y las historias de los estudiantes en ambos idiomas.

También agradezco a la Universidad Estatal de Carolina del Norte, el Instituto Friday de Innovación Educativa y Wake Promise por su generosa financiación y su misión de satisfacer las necesidades de las poblaciones históricamente desatendidas en Carolina del Norte.

Un agradecimiento especial a mi asistente de investigación, María Heysha Carrillo Carrasquillo, por su trabajo detallado en la dirección, enseñanza y edición de este proyecto. Este trabajo no sería posible sin su liderazgo.

Es con gran honor e inmensa gratitud que presentamos la tercera publicación de Juntos, esperamos que inspire y enseñe a quienes leen y escuchan sobre los viajes de estos autores.

Dra. Crystal Chen Lee
Fundadora y Directora, Iniciativa de Lecto-escritura y Comunidad
Profesora Asistente, Universidad Estatal de Carolina del Norte

ACKNOWLEDGEMENTS

NC STATE UNIVERSITY

The NC State College of Education's land-grant mission is to make a transformative impact on society and advance the greater good. The Literacy and Community Initiative exemplifies that mission through the partnerships it fosters and the outreach it provides to empower youth and amplify their voices. This book, *The Realities of Our Worlds*, reflects LCI's invaluable contributions in giving youth spaces to be heard and seen. We know creating these spaces is important to advancing diversity, equity and inclusion so all learners have the opportunity to thrive. I am inspired by all that the LCI team — led by Assistant Professor Crystal Lee and Professor Jose Picart — has done to create these spaces and lift up our youth's voices. I am also inspired by the brave, smart, and resilient students whose writing you will read in this book. I am proud they will help shape our society's future.

Paola Sztajn
Dean, NC State College of Education

AGRADECIMIENTOS

La misión de concesión de tierras de la Facultad de Educación de la Universidad Estatal de Carolina del Norte es tener un impacto transformador en la sociedad y promover el bien común. La Iniciativa de Lecto-escritura y Comunidad ejemplifica esa misión a través de las asociaciones que fomenta y el alcance que brinda para empoderar a los jóvenes y amplificar sus voces. Este libro, *Las realidades de nuestros mundos*, refleja las valiosas contribuciones de LCI al brindar a los jóvenes espacios para ser escuchados y vistos. Sabemos que crear estos espacios es importante para promover la diversidad, la equidad y la inclusión para que todos los estudiantes tengan la oportunidad de prosperar. Me inspira todo lo que ha hecho el equipo de LCI, dirigido por la profesora asistente Crystal Lee y el profesor José Picart, para crear estos espacios y elevar las voces de nuestros jóvenes. También me inspiran los estudiantes valientes, inteligentes y resistentes cuyos escritos leerá en este libro. Estoy orgullosa de que ayudarán a dar forma al futuro de nuestra sociedad.

Paola Sztajn
Decana, Facultad de Educación de la Universidad Estatal de Carolina del Norte

ACKNOWLEDGEMENTS

The mission of the Friday Institute for Educational Innovation is to advance K-12 education through innovations in teaching, learning and leadership enabled by collaboration among a wide range of stakeholders. The Literacy and Community Initiative (LCI), led by Dr. Crystal Lee and Dr. Jose Picart, is an exemplary program that embodies this mission. Through their partnerships with community-based organizations, the LCI team and their work helping students find and elevate their voice truly demonstrates an innovation in teaching, learning, and leadership that the Friday Institute is proud to support. We are honored to endorse their latest publication, The Realities of Our World, by Juntos and are grateful to be even a small part of this truly impactful work.

Shaun B. Kellogg, PhD
Friday Institute Interim Executive Director,
Sr. Director, Program Evaluation and Education Research
Assistant Teaching Professor, Learning Analytics
North Carolina State University

AGRADECIMIENTOS

La misión del Instituto Friday para la Innovación Educativa es promover la educación K-12 a través de innovaciones en la enseñanza, el aprendizaje y el liderazgo gracias a la colaboración entre una amplia gama de partes interesadas. La Iniciativa de Lecto-escritura y Comunidad (LCI), dirigida por la Dra. Crystal Lee y el Dr. José Picart, es un programa ejemplar que encarna esta misión. A través de sus asociaciones con organizaciones comunitarias, el equipo del LCI y su trabajo para ayudar a los estudiantes a encontrar y elevar su voz realmente demuestra una innovación en la enseñanza, el aprendizaje y el liderazgo que el Instituto Friday se enorgullece de apoyar. Nos sentimos honrados de respaldar su última publicación, *Las realidades de nuestros mundos*, de Juntos y estamos agradecidos de ser aunque sea una pequeña parte de este trabajo verdaderamente impactante.

Dr. Shaun B. Kellogg
Director Ejecutivo Interino del Instituto Friday,
Director sénior, Evaluación de programas e investigación educativa
Profesor Asistente de Enseñanza, Analítica de Aprendizaje
Universidad Estatal de Carolina del Norte

ACKNOWLEDGEMENTS

The Literacy and Community Initiative (LCI) is an excellent example of university extension into the local community. Their work to empower and amplify the voices of area youth through collaborative publications and leadership opportunities around storytelling and advocacy is both inspiring and impactful. The Teacher Education and Learning Sciences (TELS) department is proud to have some of its faculty involved in guiding the work of LCI along with university partners at the Friday Institute and numerous community partners. The research these teams conduct on their writing/reading initiatives helps to inform broader practice and implementation of LCI's theory of change with documented effects on youth literacy, leadership, and social-emotional outcomes.

Kevin Oliver, PhD
Department Head and Professor
Teacher Education and Learning Sciences
North Carolina State University

AGRADECIMIENTOS

La Iniciativa de Lecto-escritura y Comunidad (LCI) es un excelente ejemplo de extensión universitaria a la comunidad local. Su trabajo para empoderar y amplificar las voces de los jóvenes del área a través de publicaciones colaborativas y oportunidades de liderazgo en torno a la narración de historias y la promoción es inspirador e impactante. El departamento de Educación Docente y Ciencias del Aprendizaje (TELS, por sus siglas en inglés) se enorgullece de tener parte de su cuerpo docente involucrado en guiar el trabajo del LCI junto con socios universitarios en el Instituto Friday y numerosos socios comunitarios. La investigación que estos equipos llevan a cabo sobre sus iniciativas de escritura y lectura ayuda a informar la práctica más amplia y la implementación de la teoría del cambio del LCI con efectos documentados en la lecto-escritura, el liderazgo y los resultados socioemocionales de los jóvenes.

Kevin Oliver, PhD
Jefe de Departamento y Profesor
Educación Docente y Ciencias del Aprendizaje
Universidad Estatal de Carolina del Norte

INTRODUCTIONS

The joy of my work with Juntos is watching students become the leaders they were born to be and watch families gain the resources needed to guide them through the path to educational success. Reading this book inspires me to continue the work that many believe is not needed in today's American society. It inspires me to do more for the future of our country and to be part of our solution. It inspires me to love where I come from and where I am, and that it is a blessing to be who I have become. One thing I have told our Juntos students for years is to "always share your story" and I feel very humbled that this Juntos community in East Wake High School are sharing elements of their story and their people's story in this book.

Diana Urieta, M.S.W.
Juntos National Program Senior Director and Co-developer
Extension Specialist
North Carolina State University

INTRODUCTIONS

La alegría de mi trabajo con Juntos es ver a los estudiantes convertirse en los líderes que nacieron para ser y ver a las familias obtener los recursos necesarios para guiarlos por el camino hacia el éxito educativo. Leer este libro me inspira a continuar el trabajo que muchos creen que no es necesario en la sociedad estadounidense de hoy. Me inspira a hacer más por el futuro de nuestro país y a ser parte de la solución. Me inspira a amar de dónde vengo y dónde estoy, y que es una bendición ser quien me he convertido. Una cosa que he dicho a nuestros estudiantes de Juntos durante años es que "siempre compartan su historia" y me siento muy humilde de que esta comunidad de Juntos en la Escuela Secundaria East Wake esté compartiendo elementos de su historia y la historia de su gente en este libro.

Diana Urieta, M.S.W.
Directora Senior y Co-desarrolladora del Programa Nacional Juntos
Especialista de Extensión
Universidad Estatal de Carolina del Norte

INTRODUCTIONS

LITERACY AND COMMUNITY INITIATIVE

The Realities of Our Worlds is the first book by the Juntos writers at East Wake High School. It is also the first time I facilitated the Literacy and Community Initiative writing program in collaboration with the Juntos program. In the fall of 2022, we met in the media center of their school and started a journey that let us share experiences and connect our cultural capital to provide a safe space to write and engage.

We met after school to learn the process of book writing and explore topics such as being from and in between another culture, their experiences as multicultural and multilingual youth, and the connections to family and histories that shape who they are and will be. The authors decided the themes and genres they wanted to include in this volume, including poetry, prose, narrative, and letters, where writers explored topics related to identity, family, traditions, culture, and values.

The authors engage authentically with a broad spectrum of cultural imagery, observations, and feelings. The book is filled with emotions, such as hope, gratefulness, and love, but also splashed with honest depictions of sorrow, loss, and fear. At times an ode to family, at times a cry for belonging, this book is a first look at the lives of eight young people living in a place where they are making a home with their families while navigating cultural differences and discovering new identities.

Getting to know the writers and their stories has been an honor. I am overwhelmed with gratitude and pride for these young authors' shared vulnerability, strength, and authenticity when opening their worlds and realities to us all.

María Heysha Carrillo Carrasquillo, M.Ed.
Doctoral Student
Literacy and Community Initiative Coordinator
Teacher Education and Learning Sciences
North Carolina State University

INTRODUCCIONES

Las realidades de nuestros mundos es el primer libro de los escritores de Juntos en East Wake High School. También es la primera vez que facilito el programa de escritura de la Iniciativa de Lecto-escritura y Comunidad en colaboración con el programa Juntos. En el otoño de 2022, nos reunimos en la biblioteca de su escuela y comenzamos un viaje que nos permitió compartir experiencias y conectar nuestro capital cultural para brindar un espacio seguro para escribir y participar.

Nos reunimos después de la escuela para aprender el proceso de escritura de libros y explorar temas como ser de otra cultura y estar entre otra cultura, sus experiencias como jóvenes multiculturales y multilingües, y las conexiones con la familia y las historias que dan forma a quienes son y serán. Los autores decidieron los temas y géneros que querían incluir en este volumen, incluyendo poesía, prosa, narrativa y cartas, donde los escritores exploraron temas relacionados con la identidad, la familia, las tradiciones, la cultura y los valores.

Los autores interactúan auténticamente con un amplio espectro de imágenes culturales, observaciones y sentimientos. El libro está lleno de emociones, como la esperanza, el agradecimiento y el amor, pero también está salpicado de representaciones honestas de tristeza, pérdida y miedo. A veces una oda a la familia, a veces un grito de pertenencia, este libro es un primer vistazo a la vida de ocho jóvenes que viven en un lugar donde construyen un hogar con sus familias mientras navegan por las diferencias culturales y descubren nuevas identidades.

Conocer a los escritores y sus historias ha sido un honor. Estoy abrumada de gratitud y orgullo por la vulnerabilidad, la fuerza y la autenticidad compartidas por estos jóvenes autores al abrir sus mundos y realidades a todos nosotros.

María Heysha Carrillo Carrasquillo, M.Ed.
Estudiante Doctoral
Coordinadora del Program de Lecto-escritura y Comunidad
Educación Docente y Ciencias del Aprendizaje
Universidad Estatal de Carolina del Norte

Chapter 1
Where we are from

In this chapter, the writers explore the realities, connections, and complexities of place, heritage, and identity through prose and poetry. The writers use and connect their multilingual linguistic repertoire to illuminate the ways in which their lives represent fluidity.

Capítulo 1
De donde somos

En este capítulo, los escritores exploran las realidades, las conexiones y las complejidades del lugar, la herencia y la identidad a través de la prosa y la poesía. Los escritores usan y conectan su repertorio lingüístico multilingüe para iluminar las formas en que sus vidas representan la fluidez.

I Am From Cameras
By: Alvaro Ruch

I am from cameras
From Canon and Nikon
I am the TV on
Gentle, straight
De estar en la luna
I am from mango
From that Árbol de fruto natural con sabor dulce
sin llegar a lo ácido
I am from hacer tamales and una familia unida and apoyada
From Cindy and John
I am from the dibujar and jugar videojuegos
From no salgas a la calle and pórtate bien
I am from ayuno y oración
I am from Guatemala, Guatemala

Soy de una cámara

Por: Alvaro Ruch

Translated from the original text / Traducido del texto original

Soy de una cámara
De Canon y Nikon
Soy del televisor encendido
Gentil, derecho
De estar en la luna
Soy de un mango
Del árbol de fruto natural con sabor dulce
Sin llegar a lo ácido
Soy de hacer tamales y de una familia unida y apoyada
Soy de Cindy y de John
Soy de dibujar y jugar videojuegos
De "no salgas a la calle" y de "pórtate bien"
Soy de ayuno y oración
Soy de Guatemala, Guatemala

I am From Pencils

By: Ana Chavez Covarrubias

I am from pencils.
From Sketchers and Cheerios.
I am from the short grass,
big, green, sweet smells
I am from a tree with orange, red and brown leaves
and about 10 ft tall
I'm from Cinco de Mayo and being tall.
From Gloria and José.
I'm from the work that's done in houses
and the construction on the streets
From "deja eso ahí" and "lava los platos"
I'm from crosses on the wall bought at the border
I'm from WakeMed, Zacatecas and Hidalgo
I'm from fruit salad, tomato rice
From the time abuela came to visit
and she made us scrambled eggs
From talking to my mom on the way home from school
From the baskets full of pictures,
that remind us of our history
Of where we come from

Soy de lápices
Por: Ana Chavez Covarrubias
Translated from the original text / Traducido del texto original

Soy de lápices
De Sketchers y de Cheerios
Soy de la hierba corta
Olores grandes, verdes y dulces
Soy de un árbol con hojas naranjas, rojas y cafés
De unos diez pies de alto
Soy del Cinco de Mayo y de ser alta.
De Gloria y de José
Soy del trabajo que se hace en casas
De la construcción en las calles
De "deja eso ahí" y "lava los platos"
Soy de cruces en la pared compradas en la frontera
Soy de WakeMed, Zacatecas e Hidalgo
Soy de la ensalada de frutas, y el arroz con tomate
Soy de aquella vez en que abuela vino a visitar
y nos hizo huevos revueltos
De hablar con mi mamá en el camino a casa desde la escuela
De las cestas llenas de fotos,
que nos recuerdan nuestra historia
De dónde venimos

I Am From Soccer Balls

By: Devin Guillen Mejia

I am from soccer balls
From Nike and Adidas
I am from the shelves of sports
Big, fancy, overwhelming
I am from leather
Soft and round
I am from celebrating wins and passion
From Ramon and Alicia
I am from the athletics and restlessness
From hardwork and talent
I am from the Catholic church on Saturdays and Sundays
I am from Raleigh and Comayagua, Honduras
Tamales, baleadas
From the family reunions at Christmas
From the aunt and her sister, my mother,
cooking together at my house
while I am outside, in the yard, playing soccer
Showing love, care, and joy.

Soy de balones de fútbol
Por: Devin Guillen Mejia
Translated from the original text / Traducido del texto original

Soy de balones de fútbol
De Nike y de Adidas
Soy de los anaqueles de deportes
Grandes, elegantes, y abrumadores
Soy del cuero
Suave y redondo
Soy de celebrar triunfos y de la pasión
De Ramón y Alicia
Soy del atletismo y de la inquietud.
Del trabajo duro y el talento
Soy de la iglesia católica los sábados y domingos
Soy de Raleigh y Comayagua, Honduras
De tamales, y de baleadas
De las reuniones familiares en navidad.
De la tía y su hermana, mi madre,
cocinando juntas en mi casa
Mientras estoy afuera, en el patio, jugando fútbol
Mostrando amor, cuidado y alegría.

Being From Puerto Rico
By: Kamilah Torres Ruiz

I am from a blanket
From Converse and Nike
I am from thin walls,
cozy, safe,
From the sound of music.
I am from Puerto Rico, from zephyr lillies,
From the most beautiful shades of colors,
Where water droplets just fall right off the petals
I am from spending holidays with family and from their brown eyes
From Salvio and Michelle
I am from always supporting each other
I am from "always follow your dreams"
From "do something that makes you happy"
And "your family will always be here for you"
I am from believing in whatever I feel is important to me, and never judging what others believe in
I am from Mayaguez and Vega Alta,
From mofongo, and pasteles.
From when tío and I ran around my grandmother's house and threw water balloons at each other.
From when my grandfather took me to where my dad went to college
and took me to see my dad's high school in Puerto Rico with my grandmother
from generation to generation and
From seeing what my family had when they were younger.

Ser de Puerto Rico

Por: Kamila Torres Ruiz
Translated from the original text / Traducido del texto original

Soy de una manta
De Converse y Nike
Soy de paredes delgadas,
acogedoras, seguras,
Del sonido de la música.
Soy de puerto rico, de los lirios de lluvia,
De los más bellos matices de colores,
Donde las gotas de agua simplemente caen de los pétalos
Soy de pasar las vacaciones en familia y de sus ojos marrones
De Salvio y Michelle
Soy de siempre apoyarnos
Soy de "siempre sigue tus sueños"
De "haz algo que te haga feliz"
Y de "tu familia siempre estará aquí para ti"
Soy de creer en lo que siento que es importante para mí,
Y de nunca juzgar en lo que otros creen
Soy de Mayagüez y de Vega Alta,
De mofongo y pasteles.
De cuando tío y yo corríamos por la casa de abuela
y nos tiramos globos de agua unos a los otros.
De cuando mi abuelo me llevó a donde mi papá fue a la universidad
y me llevó a ver la high school de mi papá en Puerto Rico con mi abuela
de generación en generación y
De ver lo que tenía mi familia cuando eran más jóvenes.

Mis Raíces Mexicanas
By: Maira Mendez Claudio

I am from botas vaqueras, from frijoles and consomé rojo.
I am from the casa de ladrillos, grande, warm y hogar de animales
I am from rosas y sol, color rosa y amarillo
I am from navidad and being late
From Eliseo and Maria
I am from jugar voleibol and comer
From "ponte los calcetines" and "pórtate bien"
I am from la Virgen de Guadalupe, amorosa y compasiva
I am from San Pedro de Almoloya, México,
From tamales y tacos
From casa de mi abuela
The alegre y vivo Guanajuato
From fiestas en familia donde hay risas
y plática que no se acaba.

My Mexican Roots

Por: Maira Mendez Claudio
Translated from the original text / Traducido del texto original

I am from cowboy boots, from beans and red consomé.
I am from the brick house, big, warm, and home to animals
I am from roses and sun, pink and yellow
I am from Christmas and being late
From Eliseo and Maria
I am from playing volleyball and eating
From "put on your socks" and "behave yourself"
I am from the Virgin of Guadalupe, loving and compassionate
I am from San Pedro de Almoloya, Mexico,
From tamales and tacos
From my grandmother's house
The cheerful and alive Guanajuato
From family parties where there is laughter
and conversations that do not end.

What I'm Made Of
By: Miriam Durazno Campanilla

I am from books
From Cheetos and GOGO Squeez
I am from the old forgotten bricks
Red, heavy, and deserted
I am from an ash tree
Symbol of powerful solidity and immortality
But whose flowers still fall
I am from Rosca de Reyes and family gatherings
From Angela and Benito
I am from the outgoing and caregiving
From the te portas bien and echale ganas
I am from Saint Raphael, and not eating meat during Lent
I am from Raleigh to Mexico
From Barbacoa and tamales
From the desert that my tio got lost in when looking for a better life
To my dad who left home to find a job
that would be just enough
for the medical bills back home
I am from the shoe box inside the closet
full of unforgettable moments.
I am from the songs sung on the 25th of December.

De lo que estoy hecha
Por: Miriam Durazno Campanilla
Translated from the original text / Traducido del texto original

Soy de libros
De Cheetos y GOGO Squeez
Soy de los viejos ladrillos olvidados
Rojos, pesados y desiertos
Soy de un árbol de fresno
Símbolo de poderosa solidez e inmortalidad
Pero cuyas flores aún caen.
Soy de la Rosca de Reyes y de reuniones familiares
De Ángela y Benito
Soy de los extrovertidos y cuidadores
De "te portas bien" y "échale ganas"
Soy de San Rafael, y de no comer carne durante la
Cuaresma.
Soy de Raleigh a México
De Barbacoa y tamales
Del desierto en el que se perdió mi tío buscando una vida
mejor
A mi papá que se fue de casa para encontrar un trabajo
que sería suficiente
para pagar las facturas médicas.
Soy de la caja de zapatos dentro del armario
llena de momentos inolvidables.
Soy de las canciones cantadas el 25 de diciembre.

Chapter 2
Life en dos mundos

This chapter explores memories about being and living in two worlds. Writers use sensory details to describe places, activities and emotions that connect to their lives as youth who have connections to multiple cultures and nationalities.

Capítulo 2
La vida in two worlds

Este capítulo explora los recuerdos de estar y vivir en dos mundos. Los escritores usan detalles sensoriales para describir lugares, actividades y emociones que se conectan con sus vidas como jóvenes que tienen conexiones con múltiples culturas y nacionalidades.

Un Día Como Hoy
Por: Alvaro Ruch

Un día como hoy, nublado y con brisa, estaba sentado afuera en la banqueta de mi casa tomando un café, pensando y recordando cuando estaba en mi país. Me imaginé y supuse que estaba y me sentía allá y aquí. Llegaba a casa de la escuela. Solía poner la mochila en el sofá, salir corriendo para mi cuarto para cambiarme y bañarme. Después decir que tenía mucha hambre y comer. Luego de terminar de comer, ponerme a hacer todas mis tareas para luego en la tarde salir, poder jugar y divertirme con mis amigos.

Luego de jugar y estar con mis amigos toda la tarde entraba sucio y cansado a casa diciendo que quería bañarme. Luego decir que quería ir por una golosina a la tienda y ver los Power Rangers en la televisión. Esperando la hora de la cena con la comida más rica que me preparaban.

Al terminar mi día estaba listo para ir a dormir, hacer descansar mi cuerpo para tener una buena energía para regresar a la escuela al siguiente día. Allá y aquí, pienso muchas veces que me siento en el mismo lugar, en el mismo mundo, haciendo lo mismo estando en Guatemala y aquí.

On A Day Like Today

By: Alvaro Ruch

Translated from the original text / Traducido del texto original

On a day like today, cloudy and breezy, I would be sitting outside on the sidewalk of my house having a coffee, thinking and remembering when I was in my country. I imagined and supposed that I was and felt there and here. I was coming home from school. I used to put my backpack on the sofa, run to my room to change, and shower. Then say that I was starving and eat. After eating, I would then start doing all my homework, and then in the afternoon, I would go out and play and have fun with my friends.

After playing and being with my friends all afternoon, I would come home dirty and tired, saying that I wanted to take a bath. Then say I wanted to go to the store for a treat and watch Power Rangers on TV. Waiting for dinner time with the delicious food that they prepared for me.

At the end of my day, I was ready to sleep and rest my body to have good energy to return to school the next day. There and here, I often feel in the same place, in the same world, doing the same thing in Guatemala and here.

The Two Views
By: Ana Chavez Covarrubias

My name is Ana Chavez, and yes, I am Mexican. When people hear Ana Chavez, they know I am Mexican. But it is not the same everywhere I go or when they see my skin color. When I go to Mexico, they automatically think I am white because of my skin color. They will either try speaking to me in English or tell the people I am with what they want to say to me so they can translate it and tell it to me. Most people think I'm adopted because my parents' skin color differs from mine. They see me as a person who's just visiting the country, and they treat me very well.

On the other hand, in the United States, most people know I am Hispanic because of my last name. They know Hispanics come in different colors, but they also think of Mexicans as drug dealers and people who bring drugs and firearms to the US. They do bad things or say nasty things to you because you are Hispanic. My name is Ana Chavez, and yes, I am Mexican. When people hear Ana Chavez, they know I am Mexican and it is not the same everywhere I go or when they see my skin color.

La dos visiones

Por: Ana Chavez Covarrubias
Translated from the original text / Traducido del texto original

Mi nombre es Ana Chavez, y sí, soy mexicana. Cuando la gente escucha "Ana Chávez", sabe que soy mexicana. Pero no es lo mismo donde quiera que vaya o cuando ven mi color de piel. Cuando voy a México, automáticamente piensan que soy blanca por el color de mi piel. Intentan hablarme en inglés o decirle a las personas con las que estoy lo que quieren decirme para que puedan traducirlo y decírmelo. La mayoría de la gente piensa que soy adoptada porque el color de piel de mis padres es diferente al mío. Me ven como una persona que está de visita en el país y me tratan muy bien.

Por otro lado, en los Estados Unidos, la mayoría de la gente sabe que soy hispana por mi apellido. Saben que los hispanos vienen en diferentes colores, pero también piensan en los mexicanos como narcotraficantes y personas que traen drogas y armas a Estados Unidos. Te hacen cosas malas o te dicen cosas desagradables porque eres hispano. Mi nombre es Ana Chavez, y sí, soy mexicana. Cuando la gente escucha a "Ana Chavez", sabe que soy mexicana y no es lo mismo donde quiera que vaya o cuando ven mi color de piel.

Memory of My Family

By: Jeremie Romero

I was born in California. My biological dad was born in Guatemala, and my mom was born in Mexico. My parents were both in a similar region, but their way of life was slightly different.

I visited Guatemala when I was around 4 years old. From what I can remember, Guatemala was way different than the US. It is a culture-filled place with luscious trees and various plants everywhere. In Guatemala, my mom and I visited my great-grandmother, but we found that there were more relatives to see than we thought. We also made new friends; they still talk to today. My aunt was one of the people I was with the most. She took me on rides all the time on her motorcycle, which was a great experience, and took me to many places. My great-grandmother made the best food, and she always made me smile. There were also many fruit trees you could get fruit from. The houses and buildings were old, but there was history in each place.

In comparison, when I went to Mexico when I was about six years old, it was a different experience. There were farms everywhere, and the culture was more prosperous than in Guatemala. There were also big churches and many more buildings. I went to Mexico expecting to only see my grandparents and play with my cousins. Still, there were attractions to go to, like some old arcades, pool parks, and lovely stores. In the night, we played fireworks that shined with such beauty that I couldn't help but stare in awe. They were way different than any US fireworks, and I got to light some. I also got to experience working on the farm with the chickens, cows, and pigs. My grandma made good food that I still enjoy when she comes from Mexico. I remember listening to scary stories from my uncle. My cousins and I had a blast in the arcades and pool park. Though I was young, I remember the vivid moments in the two worlds.

Memoria de mi familia
Por: Jeremie Romero
Translated from the original text / Traducido del texto original

Nací en California. Mi papá biológico nació en Guatemala y mi mamá nació en México. Mis padres eran de una región similar, pero su forma de vida era algo diferente.

Visité Guatemala cuando tenía alrededor de 4 años. Por lo que puedo recordar, Guatemala es muy diferente a los Estados Unidos. Es un lugar lleno de cultura, con frondosos árboles y diversas plantas por todas partes. En Guatemala, mi mamá y yo visitamos a mi bisabuela, pero nos dimos cuenta de que había más parientes para ver y visitar de lo que pensábamos. También hicimos nuevos amigos, todavía hablan hoy. Mi tía era una de las personas con las que más estaba. Ella me llevaba a pasear todo el tiempo en su moto, lo cual fue una gran experiencia, y me llevó a muchos lugares. Mi bisabuela hacía la mejor comida y siempre me hacía sonreír. También había muchos árboles frutales de los que podías obtener fruta. Las casas y edificios eran antiguos, pero había historia en cada lugar.

En comparación, cuando fui a México cuando tenía unos seis años, fue una experiencia diferente. Había fincas por todas partes y la cultura era más próspera que en Guatemala. También había grandes iglesias y muchos más edificios. Fui a México esperando solo ver a mis abuelos y jugar con mis primos. Aún así, había atracciones a las que ir, como algunas salas de juegos, parques de piscinas y tiendas encantadoras. En la noche encendían fuegos artificiales que brillaban con tanta belleza que no pude evitar mirar con asombro. Eran muy diferentes a los fuegos artificiales de los

Estados Unidos, y encendí algunos. También tuve la experiencia de trabajar en la granja con gallinas, vacas y cerdos. Mi abuela hacía buena comida que aun disfruto cuando viene de México. Recuerdo escuchar historias de miedo de mi tío. Mis primos y yo lo pasamos de maravilla en las salas de juego y en el parque de la piscina. Aunque era joven, recuerdo los momentos vívidos en los dos mundos.

My Life in Two Worlds
By: Kamilah Torres Ruiz

Being from two worlds can sometimes be difficult because of a language barrier, not looking like other people, different religions, and ways people act. But it wasn't a specific moment where I realized I was from two worlds; it was more of a gradual realization. But I remember a time when I was at a restaurant in Puerto Rico, and everybody was lovely and very friendly. It was like you had walked into a family where people talked to you like they knew you, with no judgment. It feels very different if you walk into a restaurant here in North Carolina because it feels more like you are walking somewhere with strangers, which they are. Still, the restaurant feels like a place where you smell the burgers cooking in the back, people talking loudly, and a football game playing. In Puerto Rico, everybody is saying "hi". You can smell the homemade food, and it is a very homey feeling. It made me realize how one person's attitude or the way they act can change how a place feels. Being from two worlds is a good thing in a way, for you can see how different things change throughout various places.

Mi vida en dos mundos
Por: Kamila Torres Ruiz
Translated from the original text / Traducido del texto original

Ser de dos mundos a veces puede ser difícil debido a la barrera del idioma, no parecerse a otras personas, diferentes religiones y formas de actuar de las personas. Pero no hubo un momento específico donde me di cuenta que era de dos mundos; fue más una realización gradual. Pero recuerdo una vez que estaba en un restaurante en Puerto Rico y todos eran encantadores y muy amables. Era como si hubieras entrado en una familia donde la gente te hablaba como si te conociera, sin juzgarte. Se siente muy diferente si entras a un restaurante aquí en Carolina del Norte porque se siente más como si estuvieras caminando en algún lugar con extraños, que lo son. Aún así, el restaurante se siente como un lugar donde hueles las hamburguesas que se cocinan en la parte de atrás, la gente habla en voz alta y se ve un partido de fútbol americano. En Puerto Rico, todo el mundo está diciendo "hola". Puedes oler la comida casera, y es una sensación muy hogareña. Me hizo darme cuenta de cómo la actitud de una persona o la forma en que actúa puede cambiar cómo se siente un lugar. Ser de dos mundos es algo bueno en cierto modo, pues puedes ver cómo cambian las diferentes cosas en varios lugares.

Yo nací en México
Por: Maira Mendez Claudio

Yo nací en México, pero a los tres años mi familia se mudó a los Estados Unidos. Recuerdo que cuando llegué a nuestro nuevo hogar, me sentía rara y extrañaba mucho mi vida en México. Al pasar los años me tuve que adaptar a un nuevo idioma y comida diferente. Aun tengo mis tradiciones y valores que adoro mucho de mi México, con la ayuda de tiendas hispanas y fiestas familiares donde la comida mexicana huele tan rico que se te antoja todo y el español se escucha alrededor.

Estando con mi familia se me olvida que estamos en otro mundo, un mundo americano. En donde las personas hablan inglés, la comida no tiene chile y el género de la música es diferente. Aunque la música es buena, no se compara con las norteñas, regional mexicano y la banda que escucha mi familia. Cuando estoy con mi familia se me olvida que mi familia es diferente, pero cuando voy a la tienda como al Walmart, mis dos mundos chocan. Veo a mi familia y recuerdo nuestro idioma natal y nuestras tradiciones. Al ver a las personas y escuchar que las personas hablen inglés me siento extraña, como que no encajo perfectamente en el ambiente. Tengo que usar la parte de mí que habla inglés y tengo que ponerme en el mundo Americano para poder encajar.

Me siento más como yo y en casa en una tienda mexicana porque las canciones en español, alegran mi corazón. Las canciones viejitas que a veces salen, me dan ganas de cantar y el olor del pan dulce me hace sentir como una noche de navidad cuando comemos pan con atole.

Hablar con las señoras y señores en español me recuerdan de donde vengo, de mi idioma natal. Ver todos los dulces mexicanos y la comida mexicana que mi mamá usa diariamente me hace sentir como en casa. Ser de dos mundos puede tener sus desventajas, pero no todos pueden cambiar de mundos y vivir diferentes cosas a la vez como yo.

I Was Born in Mexico
By: Maira Mendez Claudio
Translated from the original text / Traducido del texto original

    I was born in Mexico, but at the age of three, my family moved to the United States. I remember that when I arrived at our new home, I felt strange, and I missed my life in Mexico very much. As the years passed, I had to adapt to a new language and different food. I still have my traditions and values that I adore a lot about my Mexico, with the help of Hispanic stores and family parties where Mexican food smells so delicious that you crave everything, and Spanish is heard all around.

    When I am with my family, I forget that we are in another world, an American world. Where people speak English, food doesn't have chili, and the genre of music is different. Although the music is good, it doesn't compare to norteñas, regional Mexican and the banda my family listens to. When I'm with my family, I forget that my family is different, but when I go to the store like Walmart, my two worlds collide. I see my family and I remember our native language and our traditions. Seeing people and hearing that people speak English makes me feel strange, like I don't fit perfectly into the environment. I have to use the part of me that speaks English and I have to put myself in the American world in order to fit in.

    I feel more like myself and at home in a Mexican store because the songs in Spanish warm my heart. The old songs that sometimes come out make me want to sing and the smell of sweet bread makes me feel like a Christmas night when we eat bread with atole. Talking to ladies and gentlemen in Spanish reminds me of where I come from, of my native language. Seeing all the Mexican sweets and Mexican food that my mom uses daily makes me feel at home. Being from two worlds can have its downsides, but not everyone can switch worlds and experience different things at once like me.

I will be a line leader
By: Miriam Durazno Campanilla

When I was younger, the question of where I belonged never crossed my mind unless it was, "Where should I stand in line? Was I line leader or caboose?" But now it's more complex. Our parents and teachers want us to be leaders, but I'm no longer just talking about a school line but real life. I want to be the line leader, but that would mean leading. How do I lead a line? We have often been told in school that there is one right answer, but they may be wrong. There may be more than one answer.

You hear it a lot, "soy de dos mundos" or "I'm from two worlds," but what does it mean?
It's different for everyone, but for those who feel stuck, I share that feeling sometimes.
Soy de aquí pero mis padres son de México... no, sorry, I meant to say soy mexicana, but that doesn't feel right. Soy mexicana y vivo en los Estados Unidos. Nací y me crié en Norte Carolina. But I'm sure you can already tell by my lack of accent, like the way the r's roles off my tongue. Spanish is my first language, and yes, I may sometimes mix in some English, but they're both mixed in, just like how my worlds have been combined for years.

A teacher once asked us kids from two worlds," Why do you need to explain that you are not from the birthplace of your parents but were born in the USA?" It was an innocent question, but it hit me like a brick that day. I never really questioned it. It was always, "I'm from here, but my parents are from _" as if we had to prove something. That, "No, you're right. I speak good English, and yes, I know another language. But this is not due to private tutors but because my family is from ___."

Identifying myself has proven to be complicated. I am not fully Mexican, nor am I fully American. I enjoy things from both worlds. Sometimes they conflict, from "women should serve the men" to "women don't need a man." I am not fully Mexican or American. I am something special made by both worlds. And one day, I will be a line leader.

Seré la líder de la línea

Por: Miriam Durazno Campanilla
Translated from the original text / Traducido del texto original

Cuando era más joven, la pregunta de a dónde pertenecía nunca cruzó por mi mente a menos que fuera, ¿dónde debería pararme en la fila? ¿Era líder de la línea o la cola? Ahora es más complejo. Nuestros padres y maestros quieren que seamos líderes, pero ya no hablo solo de una línea escolar sino de la vida real. Quiero ser la líder de la línea, pero eso significaría liderar. ¿Cómo encabezó una línea? A menudo nos han dicho en la escuela que hay una respuesta correcta, pero que pueden estar equivocadas. Puede haber más de una respuesta.

Lo escuchas mucho, "I am from two worlds" o "soy de dos mundos", pero ¿qué significa? Es diferente para todos, pero para aquellos que se sienten estancados, a veces comparto ese sentimiento.

Soy de aquí pero mis padres son de México... no, lo siento, quise decir soy mexicana, pero eso no se siente bien. Soy mexicana y vivo en los Estados Unidos. Nací y me crié en Carolina del Norte. Pero estoy segura de que ya puedes darte cuenta por mi falta de acento, por la forma en que las erres salen de mi lengua. El español es mi primer idioma, y sí, a veces puedo mezclar algo de inglés, pero ambos están mezclados, al igual que mis mundos se han combinado durante años.

Una vez, un maestro nos preguntó a los niños de dos mundos: "¿Por qué necesitas explicar que no eres del lugar de nacimiento de tus padres, sino que naciste en los Estados Unidos?" Era una pregunta inocente, pero ese día me golpeó como un ladrillo. Realmente nunca lo cuestioné. Siempre era "yo soy de aquí, pero mis padres son de _" como si tuviéramos que demostrar algo. Ese, "No, tienes razón. Hablo bien inglés, y sí, sé otro idioma. Pero esto no es por tutores particulares sino porque mi familia es de __".

    Identificarme ha resultado ser complicado. No soy completamente mexicana, ni soy completamente estadounidense. Disfruto las cosas de ambos mundos. A veces entran en conflicto, desde frases como "las mujeres deben servir a los hombres" hasta "las mujeres no necesitan a un hombre". No soy completamente mexicana o estadounidense. Soy algo especial hecho por ambos mundos. Y un día, seré la líder de la línea.

Chapter 3
My family

This chapter explores family narratives. Each writer uses their words to pay tribute to their families' stories and place themselves into the continuum of their bigger story within each family.

Capítulo 3
Mi familia

Este capítulo explora las narrativas familiares. Cada escritor usa sus palabras para rendir homenaje a las historias de sus familias y ubicarse en el continuo de su historia más grande dentro de cada familia.

Mi nombre es
Por: Alvaro Ruch

Mi nombre es Alvaro Deivi Ruch Morales. Mi primer nombre es así porque así se llama mi papá. El nombre lo describe a uno como un hombre precavido o protector. Mi segundo nombre lo escogió mi mamá porque le gustó. Mi primer apellido es de mi papá y el segundo es de mi mamá. Soy de Guatemala de la parte capital, la ciudad de Guatemala, Guatemala. Vivía allí desde pequeño con casi toda mi familia cerca.

Soy de una familia que la caracterizo como humilde, honesta, responsable y trabajadora. Mencionó también que hemos estado siempre juntos apoyándonos en cualquier situación. Mi familia siempre me enseñó y me aconsejó muchas cosas de las cuales tienen razón y gracias a ello, he aprendido y me he dado cuenta de lo que en realidad estaba bien y estaba mal en hacer o decir.

Se que me han enseñado muchas cosas de las que hay que agradecer hasta ahora. Recuerdo un dicho que decía mi abuela, y dice: "El que agarra consejos, llega a viejo." Es cierto porque gracias a lo que ellos decían y me enseñaron me considero una persona de bien, una persona respetuosa y tranquila.

My Name Is
By: Alvaro Ruch
Translated from the original text / Traducido del texto original

    My name is Alvaro Deivi Ruch Morales. My first name is like that because that's my dad's name. The name describes one as a cautious or protective man. My middle name was chosen by my mom because she liked it. My first last name is from my dad and the second is from my mom. I am from Guatemala from the capital part, Guatemala City, Guatemala. I lived there since I was little with almost all my family close by.

    I am from a family that I characterize as humble, honest, responsible, and hardworking. I also mention that we have always been together supporting each other in any situation. My family has always taught me and advised me many things about which they are right and thanks to that, I have learned and realized what was really right and wrong to do or say.

    I know they have taught me many things to be thankful for so far. I remember a saying that my grandmother used to say, it says: "He who accepts advice, he grows old." It is true because thanks to what they said and taught me, I consider myself a good person, a respectful and calm person.

The History of My Family
By: Ana Chavez Covarrubias

My name is Ana Rachelle Chavez Covarrubias. I am from Raleigh and have lived there from the time I was born to the age of eleven. After that, I moved to Knightdale and have lived there ever since. When my mom knew she would be having another baby, my mom thought I would be a boy because my brothers were boys. All of my dad's siblings were also boys, so she didn't know I could be a girl, but my dad did think I was going to be a girl, so they made a deal that if I was a boy, my mom would name me, but if I was a girl, my dad would name me. The day came, and I was a girl, so my dad named me Ana from my great-grandma and Rachelle from my grandma.

My parents are both from Mexico. My dad is from Zacatecas, and my mom is from Hidalgo. They met in Raleigh. My mom's friend was dating one of my dad's friends, and they thought my parents would be good for each other, so they all met up with each other, but my dad was not interested in my mom. When he first saw her, my mom wasn't interested in him either, but at one point, my dad wanted my mom to have fun with him.

After that, my mom got pregnant with my brother. My mom and dad lived in different places, so my mom was going to move in with my dad, but my mom's brother didn't know she was pregnant because she didn't tell him. My dad gave my mom a choice to either move in with him and his brothers or she would have to take care of my brother all by herself. So, one night, my mom moved in with my dad without telling her brother, and her brother was kinda mad about it.

After my brother was born, my dad said they had to get married because they had a kid. This is where I got Chavez from my dad and Covarrubias from my mom. After the whole experience that my mom got from getting pregnant, she told me to always make sure it's the right person for me and talk it over with that person.

For some years, my parents lived in the same house as my dad's brothers. After that, they bought a trailer in Raleigh and moved in. Three years after, my brother was born, my other brother was born, and two years after he was born, I was born. After living there for many years, we started to feel too tight with no personal space because my brothers had to share a room and sleep on the same bed. I was asleep in the room that used to be a very tiny office, and my bed could barely fit in. There were also many bugs there which I didn't like. After my parents saved money for years, we moved to Knightdale, where we live now. Where all of us have much more space and have our own rooms and are happier there.

La historia de mi familia
Por: Ana Chávez Covarrubias
Translated from the original text / Traducido del texto original

Mi nombre es Ana Rachelle Chávez Covarrubias. Soy de Raleigh, Carolina del Norte y viví allí desde que nací hasta los once años. Después de eso, me mudé a Knightdale y he vivido allí desde entonces. Cuando mi mamá supo que iba a tener otro bebé, mi mamá pensó que sería un niño porque mis hermanos eran niños. Todos los hermanos de mi papá también eran niños, así que ella no sabía que podía ser una niña, pero mi papá pensó que iba a ser una niña, así que hicieron un trato de que si yo era un niño, mi mamá me pondría el nombre, pero si yo fuera una niña, mi papá me nombraría. Llegó el día, y yo era una niña, así que mi papá me llamó Ana, por mi bisabuela, y Rachelle, por mi abuela.

Mis padres son ambos de México. Mi papá es de Zacatecas y mi mamá es de Hidalgo. Mis padres se conocieron en Raleigh. El amigo de mi mamá estaba saliendo con uno de los amigos de mi papá, y pensaron que mis padres serían buenos el uno para el otro, así que todos se encontraron, pero mi papá no estaba interesado en mi mamá. Cuando lo vio por primera vez, mi mamá tampoco estaba interesada en él, pero en un momento, mi papá quería que mi mamá se divirtiera con él.

Después de eso, mi mamá quedó embarazada de mi hermano. Mi mamá y mi papá vivían en diferentes lugares, así que mi mamá se iba a mudar con mi papá, pero el hermano de mi mamá no sabía que estaba embarazada, porque ella no se lo dijo. Mi papá le dio a mi mamá la opción de mudarse con él y sus hermanos o ella tendría que cuidar a mi hermano sola. Entonces, una noche, mi mamá se mudó con mi papá sin decirle a su hermano, y su hermano estaba un poco enojado por eso.

Después de que nació mi hermano, mi papá dijo que tenían que casarse porque tenían un hijo. Aquí es donde obtuve los apellidos Chávez, de mi papá, y Covarrubias, de mi mamá. Después de toda la experiencia que tuvo mi madre al quedar embarazada, me dijo que siempre me asegurara de que fuera la persona adecuada para mí y que lo hablara con esa persona.

Durante algunos años, mis padres vivieron en la misma casa que los hermanos de mi papá. Después de eso, compraron un tráiler en Raleigh y se mudaron. Tres años después del nacimiento de mi hermano, nació mi otro hermano, y dos años después del nacimiento de él, nací yo. Después de vivir allí durante muchos años, comenzamos a sentirnos demasiado apretados, sin espacio personal, mis hermanos tenían que compartir una habitación y dormir en la misma cama. Yo estaba durmiendo en la habitación que solía ser una oficina, muy pequeña, y mi cama apenas cabía. También había muchos insectos allí que no me gustaban. Después de que mis padres recaudaran dinero durante años, nos mudamos a Knightdale, Carolina del Norte, donde vivimos ahora. Donde todos tenemos mucho más espacio, tenemos nuestras propias habitaciones y somos más felices allí.

The People Who Gave Me Life
By: Devin Guillen Mejia

My family. They are the people who gave me life and showed me the way of life. The person who I present in this story is my father. I greatly respect my parents even though I love my siblings, but this one is for my father.

My father loves challenges, and I like them too. I see his way of seeing the world and how he does things as inspiring. He is a problem solver that loves to learn more about everything. His mentality of not giving up is incredible, and I strive for the best by seeking his example. I strive to be a better person every day because that way, I will achieve what I want to be while having good relations with everyone. That is the way he is as well.

My father might be rough sometimes because he sees the value in his children and why it is for their greater good. I have lots of habits from him, good and bad ones, but that does not change the type of person he is. I am an athlete like he is, and due to my passion for playing soccer, I have "become better than he was" that is what he said. He tells me I have talent and I should use that talent to help others. I want to say that I try to learn as much as possible because it will be helpful to me the way that it was for him. The way I see things is logical, so I can analyze a situation and overcome obstacles through creativity and a battle of wits.

My dad always wants to do his best on something, so you do not need to redo it. If you're working on a real-life problem, you should try to do it as perfectly as possible even if you are not perfect, you should try to be at a level near it. I try to imitate what is good for me and stay humble to succeed in life. My dad says, "Once you start something, finish it." I always do my best to fulfill that principle because I see that I reap the benefits when I do. My way of doing this is when I put my mind to something, even if I am not technically good at it, I will do well because I put time and effort into what I put my head game in. My father is a role model to me, so I try to make him proud by also making myself proud by working hard for my success.

Las personas que me dieron la vida
Por: Devin Guillen Mejia
Translated from the original text / Traducido del texto original

Mi familia. Son las personas que me dieron la vida y me mostraron el camino de la vida. La persona que presento en esta historia es mi padre. Respeto mucho a mis padres, aunque amo a mis hermanos, pero este es para mi padre.

A mi padre le encantan los desafíos y a mí también me gustan. Veo su forma de ver el mundo y cómo hace las cosas como inspiradora. Es un solucionador de problemas al que le encanta aprender más sobre todo. Su mentalidad de no darse por vencido es increíble, y busco lo mejor al seguir su ejemplo. Me esfuerzo por ser mejor persona cada día porque así lograré lo que quiero ser teniendo buenas relaciones con todos. Así es él también.

Mi padre puede ser rudo a veces porque ve el valor de sus hijos y porque es lo mejor para ellos. Tengo muchos hábitos de él, buenos y malos, pero eso no cambia el tipo de persona que es. Soy un atleta como él, y debido a mi pasión al jugar al fútbol, "he llegado a ser mejor que él", eso es lo que me dijo. Me dice que tengo talento y que debo usar ese talento para ayudar a los demás. Quiero decir que trato de aprender tanto como sea posible porque me será útil como lo fue para él. La forma en que veo las cosas es lógica, por lo que puedo analizar una situación y superar obstáculos a través de la creatividad y batallas de ingenio.

Mi papá siempre quiere dar lo mejor de sí en algo, para que no sea necesario hacerlo otra vez. Si está trabajando en un problema de la vida real, debe tratar de hacerlo lo más perfectamente posible, incluso si no es perfecto, debe tratar de estar en un nivel cercano. Trato de imitar lo que es bueno para mí y mantenerme humilde para tener éxito en la vida. Mi papá dice: "Una vez que empiezas algo, termínalo". Siempre hago lo mejor que puedo para cumplir con ese principio porque veo que cosechó los beneficios cuando lo hago. Mi forma de hacer esto es cuando me propongo algo, incluso si no soy técnicamente bueno en eso, lo haré bien porque dedico tiempo y esfuerzo a lo que me propongo. Mi padre es un modelo a seguir para mí, así que trato de enorgullecerlo mientras también me enorgullece el trabajar duro por mi éxito.

Mi árbol genealógico
Por: Maira Méndez Claudio

    Mi nombre tiene dos apellidos, cada uno simboliza mi familia y quien soy yo. Mi primer apellido es Méndez, viene de mi papá, Eliseo Méndez Pérez. Este apellido para mí simboliza ser fuerte porque mi papá ha sido fuerte desde que nació. Mi papá nació en un rancho chiquito llamado San Pedro de Almoloya. Cuando mi papá era chiquito no tenía mucho dinero para comer y mi abuelo, que en paz descanse, trabajaba para sacar a la familia adelante. A la edad de nueve años, mi abuelo falleció y mi papá, siendo el mayor, trabajaba para ayudar a mi abuelita y desde entonces él ha trabajado y ayudado con los gastos de la familia. El dejó de estudiar y se fue a los Estados Unidos para trabajar y nunca se quejó de eso.

    Cuando yo veo a mi papá, veo a un hombre trabajador y humilde. Algo que mi papá me ha enseñado es ser humilde, mi papá aunque tenga dinero no se cree mejor que los demos y es muy amigable y respetuoso con ellos. Algo que también me gusta de mi papá es que él acepta las cosas de la vida. Lo admiro mucho y me da orgullo saber que él es mi papa.

    Mi segundo apellido es Claudio, siempre me ha gustado mucho este apellido porque es de mi mamá. Mi mamá es la clase de mujer que yo aspiro ser cuando crezca porque ella es inteligente, amable y determinada. Mis abuelos de parte de mi mamá, tuvieron nueve hijos, mi mamá es la segunda mayor. Ser la mayor tiene sus beneficios, pero también sus desventajas. Mi mamá era responsable de hacer sus quehaceres de la casa, hacer de comer, cuidar a sus hermanos menores y a la misma vez estudiar. Aun con todo eso, ella sacaba buenas calificaciones y manejaba su tiempo bien. Eso es algo que yo no puedo hacer aunque dos de mis padres tengan esa habilidad.

    Cuando veo a mi mamá, miro una mujer fuerte. Ella ha cuidado de muchas personas y a la misma vez se ha cuidado a sí misma. Ella no se deja chantajear por las personas y hace lo que sea correcto aunque otras personas piensen diferente. Ella tiene confianza en sí misma y encuentra soluciones a problemas inesperados. Al igual que mi papá, mi mamá nunca se olvida de dónde vino.

    Estas dos personas forman parte de quien soy yo. Mis padres no solamente me han criado y cuidado, ellos han sido mis ejemplos a seguir desde que era chiquita. Mi papá ha trabajado duro toda mi vida para mantener a nuestra familia, no se queja de sus responsabilidades y pone esfuerzo para acabar lo que tiene que hacer. Él me ha ayudado a ser responsable y a trabajar duro en la vida porque viéndolo a él, creo que el trabajo duro tiene recompensa. Mi mamá es inteligente y rápida, digo rápida porque ella puede hacer muchas cosas en muy poco tiempo. Ella no pierde el tiempo. Ver a mi mamá cuidar y amar a los animales me hizo amar a los animales y querer ser veterinaria en el futuro. Mi mamá es inteligente porque siempre sabe qué hacer en momentos difíciles, ella me ha ayudado a tener calma para poder pensar durante esos momentos. Así como mi mamá cuida las heridas de nuestros animales y sabe qué hacer con los animales, así me gustaría ser. Por eso me gusta tener animales como mascotas. Tengo gallinas, pavos, patos y perros. Son muchos, pero me gusta cuidarlos y darles de comer .

La persona que soy ahora ha sido influenciada por mis papás. Llevo una parte de ellos en mí, partes que también son parte de mi cultura y mis tradiciones. La forma en la que pienso, hablo y hago las cosas tienen mucho que ver con la crianza que me dieron mis padres. No cambiaría a mis padres por nada del mundo y ha sido una bendición tenerlos como mis papás.

My Family Tree
By: Maira Mendez Claudio
Translated from the original text / Traducido del texto original

My name has two surnames, each symbolizing my family and who I am. My first last name is Méndez, it comes from my father, Eliseo Méndez Pérez. This last name for me symbolizes being strong because my dad has been strong since he was born. My dad was born on a small ranch called San Pedro de Almoloya. When my dad was little, he didn't have much money to eat and my grandfather, may he rest in peace, worked to support the family. At the age of nine, my grandfather passed away and my father, being the eldest, worked to help my grandmother and since then he has worked and helped with the family's expenses. He stopped studying and went to the United States to work and he never complained about it.

When I see my dad, I see a hard-working and humble man. Something that my dad has taught me is to be humble. My dad, even though he has money, doesn't think he is better than others and he is very friendly and respectful with them. Something I also like about my dad is that he accepts things in life. I admire him a lot and it makes me proud to know that he is my dad.

My second last name is Claudio, I have always liked this last name a lot because it belongs to my mother. My mom is the kind of woman I aspire to be when I grow up because she is smart, kind and determined. My grandparents on my mother's side had nine children, my mother is the second oldest. Being one of the oldest has the benefits, but also downsides. My mom was responsible for doing her housework, cooking, taking care of her younger siblings and studying at the same time. Even with all that, she got good grades and managed her time well. That's something I can't do even though two of my parents have that ability.

When I see my mom, I see a strong woman. She has taken care of many people and at the same time she has taken care of herself. She doesn't allow herself to be blackmailed by people and she does what is right even if other people think differently. She is self-confident and finds solutions to unexpected problems. Like my dad, my mom never forgets where she came from.

These two people are part of who I am. My parents have not only raised and cared for me; they have been my role models since I was little. My dad has worked hard all my life to support our family. He doesn't complain about his responsibilities and puts effort to finish what he has to do. He has helped me to be responsible and to work hard in life because looking at him, I believe that hard work pays off. My mom is smart and fast, I say fast because she can do a lot of things in a very short time. She does not waste time. Seeing my mom care and love animals made me love animals and want to be a vet in the future. My mom is smart because she always knows what to do in difficult moments. She has helped me stay calm so I can think during those moments. Just like my mom takes care of our animals' wounds and she knows what to do with animals, that's how I would like to be. That's why I like having animals as pets. I have chickens, turkeys, ducks and dogs. There are many, but I like to take care of them and feed them.

The person I am now has been influenced by my parents. I carry a part of them with me, parts that are also part of my culture and my traditions. The way I think, speak, and do things has a lot to do with the upbringing my parents gave me. I wouldn't change my parents for the world, and it has been a blessing to have them as my parents.

Chapter 4
My community

In this chapter, two authors engage in conversation with the reader to display their insights as members of the Hispanic community and the first-generation immigrant community.

Capítulo 4
Mi comunidad

En este capítulo, dos autoras entablan una conversación con el lector para mostrar sus puntos de vista como miembros de la comunidad hispana y la comunidad inmigrante de primera generación.

The Community
By: Maira Mendez Claudio

    My Hispanic community is unique and different at the same time. We come in various skin tones, personalities, and backgrounds. My community has endured a lot of racism and discrimination since the beginning. There is a stereotype that someone Hispanic or Latino was not born in the United States because they look Hispanic or Latino and therefore are undocumented. We are treated as if we don't belong here and are bad people when, in reality, we are people who want a better life for our family and ourselves.

    Many Hispanic families who came to the US had to endure many difficulties to make it to the United States. They came here with dreams and hopes of a better life because our home countries could not provide necessities like good-paying jobs and a safe environment. Being able to come to the United States is just the start of the journey because now you have passed the hardest part. You must survive the challenges you will face, like the language barrier, culture shock, and feeling out of place.

    My family has faced many hardships, but gracias a Dios, we have been able to get through them. When my parents first came here, not knowing English was hard because they could not communicate with others. My dad could speak and understand English a little, which helped a lot because he would help my mom with our doctor appointments and at my school conferences. The language barrier and cultural shock shaped my life because I was learning a new language much faster than my parents at a young age. When my dad wasn't there, I translated at a young age because I was the best translator we had at the time. I would translate at school, the doctor, and the store, so my family could communicate with adults. We had to get used to the holidays that Americans celebrated in the United States, like Thanksgiving, the 4th of July, and Halloween. These holidays are not celebrated in Mexico, but we adapted. Now, we celebrate those holidays as if they are our own.

    It takes a lot of courage and perseverance to move to a different country where the language and culture differ. My parents started from scratch, not because they wanted to leave, but because it was necessary. In our hometown, only so many jobs pay well, and many families have to move because of economic issues, safety problems, or other factors. Many immigrants like my parents were able to move to provide a better life and more opportunities for their families. There is a sacrifice they had to pay too. Leaving for a better life means leaving your hometown, parents, friends, and the world you grew up in. Being able to provide for your family back home means working hard every day to be able to send some money back. It means being apart from your family for so many years and celebrating many milestones without them. I am proud and respect my parents for their hard work and sacrifice. They have done so much for my family and me. Seeing all the sacrifices and challenges they faced is why I refuse to believe all immigrants are bad people.

La comunidad
Por: Maira Méndez Claudio
Translated from the original text / Traducido del texto original

Mi comunidad hispana es única y diferente al mismo tiempo. Venimos en varios tonos de piel, personalidades y orígenes. Mi comunidad ha soportado mucho racismo y discriminación desde el principio. Existe el estereotipo de que alguien hispano o latino no nació en los Estados Unidos porque parece hispano o latino y por lo tanto es indocumentado. Nos tratan como si no perteneciéramos a este lugar y somos malas personas cuando, en realidad, somos personas que queremos una vida mejor para nuestra familia y para nosotros mismos.

Muchas familias hispanas que vinieron a los Estados Unidos tuvieron que pasar por muchas dificultades para llegar a los Estados Unidos. Vinieron aquí con sueños y esperanzas de una vida mejor porque nuestros países de origen no podían satisfacer necesidades como empleos bien remunerados y un entorno seguro. Poder venir a los Estados Unidos es solo el comienzo del viaje, porque ahora has pasado la parte más difícil. Debes ahora sobrevivir a los desafíos que enfrentarás, como la barrera del idioma, el choque cultural y sentirte fuera de lugar.

Mi familia ha enfrentado muchas dificultades, pero gracias a Dios hemos podido superarlas. Cuando mis padres llegaron aquí por primera vez, no saber inglés era difícil porque no podían comunicarse con los demás. Mi papá podía hablar y entender un poco el inglés, lo que ayudó mucho porque ayudaba a mi mamá con nuestras citas médicas y en las conferencias de mi escuela. La barrera del idioma y el choque cultural dieron forma a mi vida porque estaba aprendiendo un nuevo idioma mucho más rápido que mis padres a una edad temprana. Cuando mi papá no estaba, traducía a una edad temprana porque era la mejor traductora que teníamos en ese momento. Traducía en la escuela, el médico y la tienda, para que mi familia pudiera comunicarse con los adultos. Tuvimos que acostumbrarnos a las festividades que los estadounidenses celebran en los Estados Unidos, como el día de acción de gracias, el 4 de julio y Halloween. Estas fiestas no se celebran en México, pero nos adaptamos. Ahora, celebramos estas fiestas como si fueran nuestras.

Se necesita mucho coraje y perseverancia para mudarse a un país diferente donde el idioma y la cultura difieren. Mis padres empezaron de cero, no porque quisieran irse, sino porque era necesario. En nuestra ciudad natal, sólo algunos trabajos pagan bien y muchas familias tienen que mudarse debido a problemas económicos, problemas de seguridad u otros factores. Muchos inmigrantes como mis padres pudieron mudarse para brindar una vida mejor y más oportunidades a sus familias. Hay un sacrificio que tuvieron que pagar también. Irse por una vida mejor significa dejar su ciudad natal, sus padres, sus amigos y el mundo en el que creció. Ser capaz de mantener a su familia en casa significa trabajar duro todos los días para poder devolver algo de dinero. Significa estar separado de tu familia durante tantos años y celebrar muchos hitos sin ellos. Estoy orgullosa y respeto a mis padres por su arduo trabajo y sacrificio. Han hecho mucho por mi familia y por mí. Ver todos los sacrificios y desafíos que enfrentaron es la razón por la que me niego a creer que todos los inmigrantes son malas personas.

"We Came to Give You a Better Life"
By: Miriam Durazno Campanilla

When it comes to the topic of community, many come to mind--from my home community to Hispanic communities, clubs, band communities, and so many others. But at the end of it all, I will write about being part of the first-generation immigrant community in the United States. Being a part of such a group is a privilege and an honor, and yet it's also a hassle for me. Being the first generation of anything can be difficult. Just like the name states, you are the first. You are the change. You are different. This doesn't necessarily mean something wrong. On the contrary, this means something amazing! ... Right? I mean, being in the first place is something great, so, that should mean, being a first generation is even better? All you really had to do was just be born. But it's not as amazing as winning first place. We are first, yes. But that doesn't necessarily mean all colors and rainbows.

For me, it's been hard. I am not only a first-generation from immigrant parents, but if all goes according to plan, I'll soon be a first-generation college student as well! This should be something amazing. Being able to lead the change, the one who takes the initiative and paves the way for their family "For a better tomorrow, to a better future!" We first-generation kids from immigrant parents have been told numerous times by relatives and family friends, "Vinimos a darles una vida mejor," "we came to give you a better life." The weight of these words is something I can't explain. Although I am lucky to have two supporting parents. I can't shake off the weight of those words coming from family members. And even though I am only getting started in life, I have confidence that everything will turn out for the best. So, to all the members of the first-generation immigrant community: We can do it! While we may be the first in our family, we are not the only ones.

"Vinimos a darles una mejor vida"
Por: Miriam Durazno Campanilla
Translated from the original text / Traducido del texto original

Cuando se trata del tema de la comunidad, me vienen muchas a la mente, desde mi comunidad natal hasta las comunidades hispanas, clubes, comunidades de bandas y muchos otros. Pero al final de todo, escribiré sobre ser parte de la comunidad de inmigrantes de primera generación en los Estados Unidos. Ser parte de un grupo así es un privilegio y un honor y, sin embargo, también es una molestia para mí. Ser la primera generación de cualquier cosa puede ser difícil. Como dice el nombre, eres el primero. Tú eres el cambio. Eres diferente. Esto no significa necesariamente algo malo, por el contrario, ¡significa algo increíble! … ¿Verdad? Quiero decir, estar en el primer lugar es algo grandioso, entonces, ¿eso debería significar que ser una primera generación es aún mejor? Todo lo que realmente tenías que hacer era simplemente nacer. Pero no es tan sorprendente como ganar el primer lugar. Somos los primeros, sí. Pero eso no significa necesariamente que todo será colores y arcoíris.

Para mí, ha sido duro. No solo soy la primera generación de padres inmigrantes, sino que si todo va según lo planeado, ¡pronto seré también una estudiante universitaria de primera generación! Esto debería ser algo increíble. Ser capaz de liderar el cambio, aquel que toma la iniciativa y allana el camino para su familia "¡Por un mañana mejor, por un futuro mejor!" A los niños de primera generación de padres inmigrantes nos han dicho numerosas veces familiares y amigos de la familia: "Vinimos a darles una vida mejor". El peso de estas palabras es algo que no puedo explicar. Aunque tengo la suerte de tener dos padres de apoyo. No puedo quitarme el peso de esas palabras provenientes de familiares. Y aunque recién estoy comenzando en la vida, tengo confianza en que todo saldrá bien. Entonces, a todos los miembros de la comunidad inmigrante de primera generación: ¡Podemos hacerlo! Si bien podemos ser los primeros en nuestra familia, no somos los únicos.

Chapter 5
To whom it may concern

This chapter includes letters to the future and the hope and advice the writers want to gift their future selves. Written with love and cariño, these letters are a call for self-love, affirmation, and gratitude.

Capítulo 5
A quién pueda interesar

Este capítulo incluye cartas al futuro y la esperanza y el consejo que los escritores quieren regalarse a sí mismos en el futuro. Escritas con amor y cariño, estas cartas son un llamado al amor propio, la afirmación y la gratitud.

Oportunidades para mi vida
Por: Jonathan Bonilla Reyes

Querido Jonathan,

Hay muchas oportunidades para tu vida, solo es de seguir aprendiendo. Ya que hay muchas metas que cumplir, pero la primera es aprender más inglés. El inglés es algo que te ayuda a conversar más con las personas. Podemos tener mejores oportunidades cuando sabemos inglés. El inglés es aprender nuevas palabras, es estudiar y practicar. Hay muchas formas para saber el inglés y pues, hay que seguir aprendiendo más.

Otra oportunidad es graduarte de la escuela donde estás estudiando. Tienes la ayuda del programa Juntos que ayuda a personas jóvenes que ocupen seguir las metas que tienen. También a seguir adelante ya que hay muchas oportunidades en este país. Solo es seguir aprendiendo más de los estudios y seguir educándonos porque la educación es lo que cambia la vida. Solo es aprender más y seguir otras metas, ya que hay muchas oportunidades por desarrollar.

En este momento me gustaría tomar cursos de agricultura, de cuidado de animales y plantas. Sueño con ser ingeniero agrícola. Tengo que seguir el propósito de mi vida y se que se puede lograr estudiando. Quiero aprender mucho más de plantas y cultivos de vegetales, el cuidado de sus frutos y el bienestar de los animales. Solo es de pedir a Dios que se cumplan mis metas para mi futuro. Y pues espero que en la vida te vaya bien. Que sigas estudiando para ser alguien en la vida, y que sigas agradecido por las oportunidades en nuestra vida.

Esta carta está escrita con cariño,
De Jonathan Eliseo Bonilla Reyes.

Opportunities For My Life
By: Jonathan Bonilla Reyes
Translated from the original text / Traducido del texto original

Dear Jonathan,

There are many opportunities for your life, it's just to keep learning. Since there are many goals to achieve, the first is to learn more English. English is something that helps you converse more with people. We can have better opportunities when we know English. English is learning new words; it is studying and practicing. There are many ways to learn English and, well, you have to keep learning more.

Another opportunity is to graduate from the school where you are studying. You have the help of the Juntos program that helps young people who need to follow the goals they have. Also, to move forward as there are many opportunities in this country. It is only to continue learning more from studies and to continue educating ourselves because education is what changes life. It's just learning more and following other goals, since there are many opportunities to develop.

Right now, I would like to take courses in agriculture, and care for animals and plants. I dream of being an agricultural engineer. I have to follow the purpose of my life and I know that it can be achieved by studying. I want to learn much more about plants and vegetable crops, such as caring for fruits and the welfare of animals. It's just asking

God to fulfill my goals for my future. And then I hope that life goes well for you. May you continue studying to be someone in life, and may you continue to be grateful for the opportunities in our life.

This letter is written with love,
From Jonathan Eliseo Bonilla Reyes.

Dear Future Me

By: Kamilah Torres Ruiz

Dear Future Me,

 I hope you are doing well and living how you want to. I hope we are successful--everybody in our family is following their dream and living how they want to, and I hope it goes the same for us. We must live up to our expectations and make my parents and grandparents proud of what I have become. I do not want to disappoint them because they are always proud of me and what I do in my life. So I hope we are successful in whatever career we pursue and happy in our career.

 I know that right now, we get stressed over a lot of little things. Everyone tells us to not stress over the little things, and I know we still stress. I hope we learned how to control our stress and anxiety. Always remember to not let your anxiety or stress lead you to not do something or drive you to not follow your dreams. I hope we can learn how to share our feelings with people who care about us. Whatever life brings us, I know we can overcome it somehow, and I hope we are living the happiest life we could be living right now.

 Those were the main things I wanted to say to you, but I want to also remind you of some things just in case you are reading this on a day that is not going so great or you just need a little pick me up. Always remember that through the hard times, our parents, grandparents, and those certain friends have always been there for us and encouraged us to always go forward. You have a baby brother that should be talking by the time you read this; you know he will always be there for you. As our parents say, "Always follow your dreams" and no matter what people tell you, "Always listen to your heart and how you feel." That is something they have said to us ever since we could understand them. They have said it in English and Spanish, so we have no reason to not listen to it and always remember it.

    I know you are doing the best you can right now at whatever age you are reading this. Always remember you are not alone. As I'm writing this, you are 15 years old and in your first year in high school. I hope you keep this letter with you and read it over whenever you feel down.

With Love,
Your Past Self

Querida Yo del futuro

Por: Kamila Torres Ruiz
Translated from the original text / Traducido del texto original

Querida Yo del futuro,

Espero que estés bien y vivas como quieres. Espero que tengamos éxito, que todos en nuestra familia estén siguiendo sus sueños y viviendo como quieren, y espero que nos pase lo mismo. Debemos estar a la altura de nuestras expectativas y hacer que nuestros padres y abuelos se sientan orgullosos de lo que nos hemos convertido. No quiero decepcionarlos porque siempre están orgullosos de nosotras y de lo que hacemos en mi vida. Así que espero que tengamos éxito en cualquier carrera que persigamos y felices en nuestra profesión.

Sé que en este momento, nos estresamos por muchas cosas pequeñas, todos nos dicen que no nos estresemos por las cosas pequeñas, y sé que todavía nos estresamos. Espero que hayamos aprendido a controlar nuestro estrés y ansiedad. Recuerda siempre no dejar que tu ansiedad o estrés te lleven a no hacer algo o te lleven a no seguir tus sueños. Espero que podamos aprender a compartir nuestros sentimientos con las personas que se preocupan por nosotros. Sea lo que sea que nos traiga la vida, sé que podemos superarlo de alguna manera, y espero que estemos viviendo la vida más feliz que podríamos estar viviendo en este momento.

Esas eran las cosas principales que quería decirte, pero también quiero recordarte algunas cosas en caso de que estés leyendo esto en un día que no va tan bien o simplemente necesitas un poco de ánimo. Recuerda siempre que en los momentos difíciles, nuestros padres, abuelos y ciertos amigos siempre han estado ahí para nosotras y nos alentaron a seguir adelante. Tienes un hermanito que debería estar hablando para cuando leas esto; sabes que siempre estará ahí para ti. Como dicen nuestros padres, "siempre sigue tus sueños" y no importa lo que la gente te diga, "siempre escucha a tu corazón y cómo te sientes". Eso es algo que nos han dicho desde que pudimos entenderlos. Lo han dicho en inglés y español, así que no tenemos por qué no escucharlo y recordarlo siempre.

Sé que estás haciendo lo mejor que puedes en este momento a cualquier edad que estés leyendo esto. Recuerda siempre que no estás sola. Mientras escribo esto, tienes 15 años y estás en tu primer año de secundaria. Espero que guardes esta carta contigo y la leas cada vez que te sientas deprimida.

Con amor,
Tu Yo del Pasado

Sueños y aspiraciones
By: Maira Mendez Claudio

Querida yo en el futuro,

    Deseo que seas feliz y segura de ti misma. Espero que ya no te preocupes de las cosas chiquitas. Te has preocupado mucho de las cosas chiquitas y has sido indecisa sin ninguna razón. Eres muy inteligente y tienes el impulso para hacer muchas cosas maravillosas. Espero que hayas cumplido tu sueño de ser alguien en la vida, no sólo para lograr hacer una diferencia en nuestra vida, sino también para nuestros padres.

    Esa niña pequeña y tímida que tuvo que aprender inglés y dejar su hogar para venir a los Estados Unidos para tener una nueva vida ahora es una mujer fuerte y exitosa. Cuando mamá te decía "no tengas miedo, echale muchas ganas," y tratabas de hacerlo, al final valió la pena. Esa niña chiquita que quería aprender y tenía mucha curiosidad sobre el mundo se merece la oportunidad de estudiar y aprender muchas cosas de la vida. Ese sueño que tienes de ser una veterinaria o maestra de matemáticas lo puedes lograr, tus cuidados y sentimientos hacia los animales son por algo. Tienes una conexión con los animales que muchos no tienen y esa curiosidad de aprender de ellos.

    Tus papás han sacrificado y trabajando mucho para que puedas tener una oportunidad al igual que los demás y que fuera más de lo que ellos tuvieron. Desafiar las reglas y encontrar nuevas oportunidades para tí misma haría a mis papás muy felices y orgullosos de tí. Agradece a nuestros papás con más que palabras por todo lo que han hecho por nosotras.

　　Me gustaría ver que estás en una mejor etapa de tu vida, donde no te preocupas por nada y vives tu vida al máximo. La vida es muy corta para preocuparse de tantas cosas así que no te preocupes de los errores sino aprende de ellos y diviértete de lo que la vida ofrece. Sigue siendo esa niña feliz, amable, chistosa e inteligente que siempre has sido. Nunca cambies por otros y sé tú misma porque eres única.

Con mucho amor,
Maira Mendez

Dreams and Aspirations
By: Maira Mendez Claudio
Translated from the original text / Traducido del texto original

Dear future me,

    I want you to be happy and sure of yourself. I hope you don't worry about the little things anymore. You have worried a lot about little things and have been indecisive for no reason. You are very smart and have the drive to do many wonderful things. I hope you have fulfilled your dream of being someone in life, not only to make a difference in our life, but also for our parents.

    That shy little girl who had to learn English and leave her home to come to the United States for a new life is now a strong and successful woman. When mom told you "Don't be afraid, give it a try," and you tried to do it, in the end it was worth it. That little girl who wanted to learn and was very curious about the world deserves the opportunity to study and learn many things in life. You can achieve that dream you have of being a veterinarian or math teacher, your care and feelings towards animals are there for a reason. You have a connection to animals that many don't have and that curiosity to learn from them.

    Your parents have sacrificed and worked hard so that you can have an opportunity like the others and that it be more than they had. Challenging the rules and finding new opportunities for yourself would make our parents very happy and proud of us. Thank our parents with more than words for everything they have done for us.

I would like to see that you are in a better stage of your life, where you don't worry about anything and live your life to the fullest. Life is too short to worry about so many things so don't worry about mistakes but learn from them and have fun with what life offers. Keep being that happy, kind, funny, intelligent girl that you have always been. Never change for others and be yourself because you are unique.

With lots of love,
Maira Mendez

From Me To You
By: Miriam Durazno Campanilla

Dear Future Me,

    I sincerely hope you don't cringe too much while reading this. Who knows if the word cringe will be outdated when you read this letter. Hey, how's life, by the way? I should probably ask before continuing. It's crazy to think I am writing a book. It's been fun writing down our thoughts and emotions. Honestly, I hope we get to do this again next year.

    As of writing this, I'm currently 16 years old and in the 11th grade. In the future, I wish to travel the world and help others. Maybe even go into business or become a psychologist. Hopefully, by the time you read this, we will have accomplished at least one of these goals.

    In case you don't recall, we have been really busy this school year, but it has all been rewarding. We've met so many new people and even have an amazing mentor. We were even voted in to take on the position of secretary in Juntos. With the support of our coordinator, I have no doubt that we will do amazing things as a group and flourish. We even have so many things planned for this summer that I can't wait to take part in!

    I am working hard to achieve these goals, and while doing so, I want to remind you that anything is possible. Also, always remember to appreciate those who have supported us along this journey. Appreciate those who have believed in us and continue to believe in us. Remember to keep challenging yourself. I know it may be scary, but I'm sure it will all be worth it in the end. I may not know what the future has in store for us, but life is one giant roller coaster, so enjoy the ride.

Miriam

De mí para tí
Por: Miriam Durazno Campanilla
Translated from the original text / Traducido del texto original

Querida yo del futuro,

 Espero sinceramente que no sientas cringe mientras lees esto. Quién sabe si la palabra cringe estará desactualizada cuando lea esta carta. Oye, ¿cómo va la vida, por cierto? Probablemente debería preguntar antes de continuar. Es una locura pensar que estoy escribiendo un libro. Ha sido divertido escribir nuestros pensamientos y emociones. Honestamente, espero que volvamos a hacer esto el próximo año.

 Al momento de escribir esto, actualmente tengo 16 años y estoy en el grado 11. En el futuro, deseo viajar por el mundo y ayudar a los demás. Tal vez incluso comenzar un negocio o convertirme en psicóloga. Con suerte, para cuando lea esto, habremos logrado al menos uno de estos objetivos.

 En caso de que no lo recuerdes, hemos estado muy ocupadas este año escolar, pero todo ha sido gratificante. Hemos conocido a tanta gente nueva e incluso tenemos una mentora increíble. Incluso fuimos votados para asumir el cargo de secretaria en Juntos. Con el apoyo de nuestra coordinadora, no tengo ninguna duda de que haremos cosas increíbles como grupo y prosperaremos. ¡Tenemos tantas cosas planeadas para este verano en las que no veo la hora de participar!

Estoy trabajando arduamente para lograr estos objetivos y, mientras lo hago, quiero recordarte que todo es posible. Además, recuerda siempre agradecer a quienes nos han apoyado a lo largo de este camino. Apreciar a los que han creído en nosotras y siguen creyendo en nosotras. Recuerda seguir desafiándote. Sé que puede dar miedo, pero estoy segura de que al final todo valdrá la pena. Puede que no sepa lo que nos depara el futuro, pero la vida es una montaña rusa gigante, así que disfrute el viaje.

Miriam

Appendix

Author Biographies / Biografías de los autores

Alvaro Ruch

Alvaro Deivi Ruch Morales tiene 17 años, es de Guatemala y está en el grado 11. Su pasatiempo favorito es jugar videojuegos y hacer videos. Le gusta todo lo relacionado con la comunicación, pero le gusta más la fotografía y la edición. Es una persona honesta, sencilla y humilde, siempre trata de dar lo mejor de sí y sabe muy bien el valor que tiene como persona. Es positivo, tiene sueños y metas que quiere lograr en unos 3 años.

Alvaro Deivi Ruch Morales is 17 years old, from Guatemala and in grade 11. His favorite hobby is playing video games and making videos. He likes everything related to communication, but he likes photography and editing more. He is an honest, simple and humble person. He always tries to give his best and he knows very well the value that he has as a person. He is positive; he has dreams and goals that he wants to achieve in about 3 years.

Ana Chavez Covarrubias

La familia de Ana Chávez Covarrubias es de México. Nació en Raleigh y vivió allí durante 11 años, ahora vive en Knightdale. En su tiempo libre le gusta jugar videojuegos y escuchar música.

Ana Chavez Covarrubias' family is from Mexico. She was born in Raleigh and lived there for 11 years, now she lives in Knightdale. In her free time, she likes to play video games and listen to music.

Devin Guillén Mejía

Devin Guillén Mejía vive en Raleigh, Carolina del Norte. Se mudó allí cuando comenzó la escuela secundaria. Devin es un estudiante de tercer año este año preparándose para tomar el ACT. Algo que le gusta hacer es jugar fútbol porque esa es su pasión y también juega para la escuela.

Devin Guillen Mejia lives in Raleigh, North Carolina. He moved there when he started high school. Devin is a junior this year getting ready to take the ACT. Something that he likes to do is play soccer because that is his passion and he also plays for the school.

Jeremie Romero

Jeremie Romero Tapia es un estudiante de noveno grado en East Wake High School. Él y su familia son de México y Guatemala. Le gusta la ciencia médica, dibujar y jugar fútbol. Jeremie también disfruta haciendo ejercicios de ciencia y preguntas de trivia. Pasa su tiempo jugando juegos de mesa, leyendo libros y saliendo con su familia. Cuando crezca, espera dedicarse a la patología y convertirse en patólogo.

Jeremie Romero Tapia is a 9th grader at East Wake High School. He and his family are from Mexico and Guatemala. He likes medical science, drawing and playing soccer. Jeremie also enjoys doing science experiments and trivia questions. He spends his time playing board games, reading books, and going out with his family. When he grows up, he hopes to pursue pathology and become a pathologist.

Jonathan Bonilla

Jonathan Eliseo Bonilla Reyes es de Honduras. Sus pasatiempos son ver vídeos de agricultura y de carros. Le gusta mucho la música. Vive con sus tíos y sus tres primas. Tiene dos hermanos, él es el mayor de tres. Le gusta ser un buen estudiante y aprovechar el tiempo. Le gustaría estudiar la carrera de agronomía y estudiar las plantas y los animales.

Jonathan Eliseo Bonilla Reyes is from Honduras. His hobbies are watching agriculture and car videos. He really likes music. He lives with his uncles and his three cousins. He has two brothers. He is the oldest of three. He likes to be a good student and take advantage of the time. He would like to study agronomy on plants and animals.

Kamilah Torres Ruiz

Kamilah Torres Ruiz es una estudiante de noveno grado en East Wake High School. Ella y su familia son de Puerto Rico. Toma clases de teatro y danza y le gusta mucho escribir. También le gusta pasar tiempo con amigos y familiares y viajar a Puerto Rico. A menudo, pasa su tiempo escuchando música y viendo televisión.

Kamilah Torres Ruiz is a 9th grader at East Wake High School. She and her family are from Puerto Rico. She takes theater and dance lessons and she really enjoys writing. She also enjoys spending time with friends and family, and traveling to Puerto Rico. Often, she spends her time listening to music and watching TV.

Maira Méndez

Maira Méndez Claudio es estudiante de tercer año en la escuela secundaria East Wake. Es mexicana y le encanta pasar tiempo con su familia y amigos. Sus sueños son hacer una diferencia en el mundo y enorgullecer a sus padres. Maira aspira a tener una carrera en medicina veterinaria. Su inspiración en la vida proviene de su padre trabajador y su madre brillante.

Maira Mendez Claudio is a junior at East Wake High school. She is Mexican and loves spending time with her family and friends. Her dreams are to make a difference in the world and to make her parents proud. Maira aspires to have a career in veterinary medicine. Her inspiration in life comes from her hardworking father and brilliant mother.

Miriam Durazno-Campanilla

Miriam Durazno-Campanilla está actualmente en el grado 11. Una parte importante de quién es ella es cuánto adora la comida y pasar tiempo con su familia y amigos. Es la mayor de dos hermanas. Sus padres, ambos de Hidalgo, México, han jugado un papel importante en quién es ella como persona hoy. Sus metas para el futuro son poder viajar y explorar el mundo. También aspira a tener una carrera en los negocios o convertirse en psicoterapeuta.

Miriam Durazno-Campanilla is currently in 11th grade. An important part of who she is, is how much she adores food and spending time with her family and friends. She is the oldest of two sisters. Her parents, who are both from Hidalgo, Mexico, have played a big part in who she is as a person today. Her goals for the future are to be able to travel and explore the world. She also aspires to have a career in business or become a psychotherapist.

About Juntos NC

Our Mission:

The Mission of the Juntos Program is to help Latino students achieve high school graduation and attend higher education.

What is Juntos:

Juntos (pronounced "Who-n-toes") means "Together" in Spanish and works to unite community partners to provide Latino 8-12th grade students and their parents with knowledge, skills, and resources to prevent youth from dropping out and to encourage families to work together to gain access to college. Research shows that Latino youth are at greatest risk for dropping out of school between the 9th and 10th grades. The Juntos Program reduces this risk by bringing together cohorts of 8th grade youth to support each other for 3-5 years as they enter high school and prepare together for higher education. The multifaceted partnerships between Extension's 4-H and FCS agents, school and college administrators and staff, and other community volunteers are what makes the Juntos Program a sustainable success in many communities across the US.

Our Four Components:

The Juntos Program is an intensive long-term program made up of four components:

1. **Juntos Family Engagement** via a 5- or 6-week workshop series and other family nights and family events
2. **Reliable Juntos 4-H Clubs** with a focus on tutoring, public speaking, life skills, and community service
3. **Monthly One-On-One Success Coaching and/or Mentoring** by an adult who monitors their academics and coaches them to achieve their academic goals
4. **Juntos Summer Programming** that includes the Juntos Summer Academy, and other local 4-H summer programs and events

Our Objectives:

- Increase family engagement that leads to students' educational success
- Increase the sense of belonging among Latino students and families in their schools and communities
- Increase Latino student success by improving student attendance and grades, and achieving high school graduation
- Increase the percentage of Latino students attending higher education

For more information, visit: http://juntosnc.com/about/

Sobre Juntos NC

Nuestra misión:

La Misión del Programa Juntos es ayudar a los estudiantes latinos a lograr la graduación de la escuela secundaria y asistir a la educación superior.

Qué es Juntos:

Juntos trabaja para unir a los socios de la comunidad para proporcionar a los estudiantes latinos de 8-12 grado y sus padres con conocimientos, habilidades y recursos para evitar que los jóvenes abandonen y alienten Las familias trabajen juntas para obtener acceso a la universidad. Las investigaciones muestran que los jóvenes latinos corren el mayor riesgo de abandonar la escuela entre los grados 9 y 10. El Programa Juntos reduce este riesgo al reunir a grupos de jóvenes de 8º grado para que se apoyen unos a otros durante 3 a 5 años a medida que ingresan a la escuela secundaria y se preparan juntos para la educación superior. Las asociaciones multifacéticas entre los agentes 4-H y FCS de Extensión, los administradores y el personal de las escuelas y universidades, y otros voluntarios de la comunidad son lo que hacen que el Programa Juntos sea un éxito sostenible en muchas comunidades de los EE. UU.

Nuestros cuatro componentes:

El Programa Juntos es un programa intensivo a largo plazo compuesto por cuatro componentes:

1. **Juntos Family Engagement** a través de una serie de talleres de 5 o 6 semanas y otras noches familiares y eventos familiares
2. **Clubs fiables de Juntos 4-H** con un enfoque en tutoría, hablar en público, habilidades para la vida y servicio comunitario
3. **Coaching para el éxito y Mentoring mensual** por un adulto que supervisa sus académicos y los entrena para alcanzar sus metas académicas
4. **Programación de verano** de Juntos que incluye la Academia de verano de Juntos y otros programas y eventos locales de verano de 4-H

Nuestros Objetivos:

- Aumentar el compromiso familiar que lleva al éxito educativo de los estudiantes.
- Aumentar el sentido de pertenencia entre los estudiantes latinos y las familias en sus escuelas y comunidades
- Aumentar el éxito de los estudiantes latinos al mejorar la asistencia y las calificaciones de los estudiantes y lograr la graduación de la escuela secundaria

- Aumentar el porcentaje de estudiantes latinos que asisten a la educación superior

Para obtener más información: http://juntosnc.com/about/

About the Juntos Leadership

Diana Urieta, M.S.W.
Juntos National Program Senior Director and Co-developer
Extension Specialist
North Carolina State University

A Colombian-American, Diana immigrated to North Carolina at the age of seven with her parents and brother. Diana received her bachelor's degree in sociology and a master's degree in social work from North Carolina State University. Her work with the Latino community started in her youth when her dad would ask her to join him at the local medical clinic, where she volunteered her time as an interpreter for families from her family's church. Urieta has extensive experience working with underserved populations in public health, 0-16 education, and parenting education. She is one of the co-developers of the Juntos 4-H Program, where she has managed program development, implementation, evaluation, training and coaching, and sustainability efforts in North Carolina and nationally. Her approach to working in Juntos has focused on building bridges within communities, resourcing the family unit, and bringing light to the assets that bicultural and bilingual identity brings to the United States.

Lucia Planchon, M.A.
Assistant Director Juntos NC
North Carolina State University

Born in Uruguay, Lucia Planchon moved to the United States with her family when she was eight years old. After ten years in New Jersey, the family moved to North Carolina for access to affordable higher education. Lucia started her degree in Spanish Education at NC State University and later completed a Master's in Hispanic Linguistics, while working part time at a child care center and taking care of children on the weekends. This mix in specialties created the perfect opportunity for working in Parenting Education after college. Lucia actively facilitated sessions with Hispanic and Latinx families in Johnston County. Eventually, her work evolved to include family engagement efforts and community outreach coordination at a federal nonprofit organization. Her journey with Juntos began four years after graduating from NC State, and she is so excited to be back, especially knowing that she will continue to work with the Hispanic population while helping parents and students navigate through the complexities of higher education readiness.

Yessenia Campos Franco, M.S.W.
Wake County Juntos Coordinator

Originally from Jalisco, Mexico, Yessenia immigrated to the United States at a year old with her parents in search of a better life. Yessenia double majored in Psychology and Social Work in 2019 from Meredith College and holds a master's degree in social work from North Carolina State University. Yessenia joined the Juntos team in 2019 through the MSW program at NC State and is currently the Wake County Juntos coordinator. Yessenia believes in the impact

Juntos has on the families and community involved due to her personal experience being a first-generation college student and being involved in similar programs growing up through Chapel Hill-Carrboro City Schools. Yessenia is grateful for the partnership and support between Wake Technical Community college and Juntos because the Wake County community now has the opportunity to experience the Juntos program. Having the Juntos program in Wake County allows Latinx students and their families to learn how to work together toward student success and higher education. Yessenia is originally from Jalisco, Mexico, and has lived in North Carolina for 25 years.

Sobre el liderazgo de Juntos

Diana Urieta, M.S.W.
Directora Senior y Co-desarrolladora del Programa Nacional Juntos
Especialista de Extensión
Universidad Estatal de Carolina del Norte

Diana, colombiana-estadounidense, emigró a Carolina del Norte a la edad de siete años con sus padres y su hermano. Diana recibió su licenciatura en sociología y una maestría en trabajo social de la Universidad Estatal de Carolina del Norte. Su trabajo con la comunidad latina comenzó en su juventud cuando su padre le pedía que se uniera a él en la clínica médica local, donde se ofreció como intérprete voluntaria para las familias de la iglesia de su familia. Urieta tiene una amplia experiencia trabajando con poblaciones desatendidas en salud pública, educación para niños de 0 a 16 años y educación para padres. Es una de las co-desarrolladoras del Programa Juntos 4-H, donde ha gestionado el desarrollo, la implementación, la evaluación, la capacitación y el asesoramiento del programa, y los esfuerzos de sostenibilidad en Carolina del Norte y a nivel nacional. Su enfoque para trabajar en Juntos se ha centrado en construir puentes dentro de las comunidades, dotar de recursos a la unidad familiar y sacar a la luz los activos que la identidad bicultural y bilingüe aporta a los Estados Unidos.

Lucía Planchón, M.A.
Subdirectora de Juntos en Carolina del Norte
Universidad Estatal de Carolina del Norte

Nacida en Uruguay, Lucía Planchón y su familia se mudaron a los EEUU cuando ella tenía ocho años. Después de vivir diez años en Nueva Jersey, la familia se mudó a Carolina del Norte para que los niños tengan mejor acceso a la educación superior. Lucía empezó su carrera universitaria estudiando para ser maestra de español y después completó una maestría en lingüística hispánica, mientras trabajaba en una guardería y cuidaba de niños los fines de semana. Esta mezcla de especialidades creó la oportunidad perfecta para empezar a trabajar en la educación de parentalidad después de recibirse. Lucía facilitó clases con las familias hispanas y latinx en el condado de Johnston. eventualmente, su trabajo evolucionó a incluir esfuerzos de participación familiar y coordinación de alcance comunitario en una organización sin fines de lucro federal. Su aventura con Juntos empezó cuatro años después de recibirse de NC State, y está muy emocionada al poder volver, especialmente al saber que va a continuar trabajando con la población hispana mientras ayuda a los padres y estudiantes a navegar las complejidades del aprontamiento para la educación superior.

Yessenia Campos Franco, M.S.W.
Coordinadora de Juntos en el Condado de Wake

Originaria de Jalisco, México, Yessenia emigró a los Estados Unidos a la edad de un año junto con sus padres en busca de una vida mejor. En 2019, Yessenia se especializó en Psicología y Trabajo Social en el Meredith College y tiene una maestría en trabajo social de la Universidad Estatal de Carolina del Norte. Yessenia se unió al equipo de Juntos en

2019 a través del programa de maestría en trabajo social de NC State y actualmente es la coordinadora de Juntos en el condado de Wake. Yessenia cree en el impacto que Juntos tiene en las familias y la comunidad debido a su experiencia personal como estudiante universitaria de primera generación y su participación en programas similares durante su crecimiento a través de las Escuelas de la Ciudad de Chapel Hill-Carrboro. Yessenia está agradecida por la asociación y el apoyo entre Wake Technical Community College y Juntos porque la comunidad del condado de Wake ahora tiene la oportunidad de experimentar el programa Juntos. Tener el programa Juntos en el condado de Wake permite a los estudiantes latinos y sus familias aprender a trabajar juntos hacia el éxito estudiantil y la educación superior. Yessenia es originaria de Jalisco, México, y ha vivido en Carolina del Norte durante 25 años.

About North Carolina State University

NC STATE UNIVERSITY

College of Education

The college is at the nexus of two high-tech hubs: NC State, a preeminent research university with elite science, technology and math programs; and Raleigh, a cradle of the next wave of tech entrepreneurship.

In that cutting-edge context, the College of Education offers graduate and undergraduate students a personalized experience that equips them for the ever-changing 21st-century classroom. Small classes, cohesive student cohorts and a tight focus on applying research make us a national leader in student success. Visit **https://ced.ncsu.edu/about-us/** for more information.

Department of Teacher Education and Learning Sciences

We articulate our vision through our commitment to:
- Developing highly effective teachers in our disciplines through undergraduate and graduate teacher education.
- Inspiring culturally competent educators who are committed to equity and social justice.
- Advancing digital technologies into the professional preparation of teachers and other education professionals.
- Changing the field of education by engaging in research that addresses current challenges.
- Discovering, disseminating and producing new knowledge in our disciplines.

Friday Institute of Educational Innovation:

The Friday Institute focuses on helping schools become future-oriented organizations that build upon their traditional strengths to best serve the students of today and tomorrow.

As part of **NC State's College of Education**, we don't just **Think and Do**; we challenge others to innovate with us. Through cutting-edge research and cross-sector collaboration between education, government and private industries, we empower educators and their students to be forward-thinking learners and leaders, contribute to our social and economic well-being, and meet the challenges of a global knowledge workforce.

Our role in addressing the challenge of creating the next generation of schooling is consistent with both the research and land-grant outreach roles of NC State and its College of Education, and our work is strengthened by our connections with the college and the university. We are located on **NC State's Centennial Campus**, where corporate and government organizations and business incubators work in partnership with faculty and students in a highly innovative environment.

We are proud to be named in honor of William Friday, former president of the University of North Carolina system, and his wife, Ida, who were passionate advocates and leaders in education for over 50 years.

Sobre la Universidad Estatal de Carolina del Norte

NC STATE UNIVERSITY

Facultad de Educación

La facultad está en el centro de dos centros de alta tecnología: NC State, una universidad de investigación preeminente con programas de ciencia, tecnología y matemáticas de élite; y Raleigh, cuna de la próxima ola de emprendimiento tecnológico.

En ese contexto de vanguardia, la Facultad de Educación ofrece a los estudiantes graduados y no graduados una experiencia personalizada que los equipa para el aula en constante cambio del siglo XXI. Las clases pequeñas, los grupos de estudiantes cohesivos y un enfoque estricto en la aplicación de la investigación nos convierten en un líder nacional en el éxito de los estudiantes. Visite **https://ced.ncsu.edu/about-us/** para obtener más información.

Departamento de Educación Docente y Ciencias del Aprendizaje.

Articulamos nuestra visión a través de nuestro compromiso de:
- Desarrollar maestros altamente efectivos en nuestras disciplinas a través de la educación de docentes de pregrado y posgrado.
- Inspirar a educadores culturalmente competentes y comprometidos con la equidad y la justicia social.
- Promover las tecnologías digitales en la preparación profesional de los maestros y otros profesionales de la educación.
- Cambiar el campo de la educación mediante la investigación que aborda los desafíos actuales.
- Descubrir, difundir y producir nuevos conocimientos en nuestras disciplinas

Instituto Friday de Innovación Educativa:

El Instituto Friday se enfoca en ayudar a las escuelas a convertirse en organizaciones orientadas hacia el futuro que se basan en sus fortalezas tradicionales para servir mejor a los estudiantes de hoy y de mañana.

Como parte de la **Facultad de Educación de NC State**, no solo **pensamos y hacemos**; desafiamos a otros a innovar con nosotros A través de la investigación de vanguardia y la colaboración intersectorial entre la educación, el gobierno y las industrias privadas, capacitamos a los educadores y sus estudiantes para que sean aprendices y líderes con visión de futuro, contribuyan a nuestro bienestar social y económico, y respondan a los desafíos de un mundo global. conocimiento de la fuerza laboral.

Nuestro rol al enfrentar el desafío de crear la próxima generación de educación es consistente con los roles de investigación y de divulgación de la concesión de tierras de NC State y su Facultad de Educación, y nuestro trabajo se fortalece por nuestras conexiones con el colegio y la universidad. Estamos ubicados en **Centennial Campus de NC State**, donde las organizaciones corporativas y gubernamentales e incubadoras de empresas trabajan en colaboración con profesores y estudiantes en un entorno altamente innovador.

Estamos orgullosos de ser nombrados en honor de William Friday, ex presidente del sistema de la Universidad de Carolina del Norte, y de su esposa, Ida, quienes fueron defensores apasionados y líderes en educación por más de 50 años.

About the Literacy and Community Initiative

The Literacy and Community Initiative is a collaboration among the NC State College of Education's Department of Teacher Education and Learning Sciences, the Friday Institute for Educational Innovation, and community-based organizations. The purpose of this initiative is to investigate and promote the power of voice among historically underserved students by supporting literacy learning in educational community-based organizations. The initiative assesses the needs of youth by supporting the publication of student-authored narratives and sharing their experiences with multiple educational and political stakeholders.

Our Beliefs

At the Literacy and Community Engagement Initiative, we believe that literacy is:

1. **Shared.** We believe that the literacy work with and among our community partnerships allows multiple stakeholders in education (professors, teachers, students, community leaders, family members, etc.) to make visible the assets of marginalized students within and beyond the community.
2. **An advancement for educational equity.** We believe literacy is powerful and liberatory: reading, writing, and speaking are not just tools, but values

that lead to personal and social change especially for marginalized populations.
3. **A vehicle for community engagement.** We believe that literacy is a vehicle for critical thinking and action for the self, community, and world (Freire, 1970). Therefore, literacy leads to increased self-esteem, critical action, and global citizenship.
4. **Leadership.** We believe that literacy is a form of leadership, and when literacy lies in the hands of our most vulnerable populations, we can close the achievement and opportunity gaps starting with our students who lead the way.

The Literacy and Community Initiative is structured around the following model of write, engage, and lead:

Write
Students' writing process and publication on their narratives and educational experiences improve literacy learning and amplify student voices.

Engage
Students' engagement with literacy in community-based organizations empower multiple educational stakeholders to learn with and from underserved youth to achieve educational equity.

Lead
Reading, sharing, and publishing narratives enable youth to lead and inspire communities to act and advocate for underserved youth.

Sobre la Iniciativa de Lecto-escritura y Comunidad

La Iniciativa de Lecto-escritura y Comunidad es una colaboración entre el Departamento de Educación de Maestros y Ciencias del Aprendizaje de la Facultad de Educación del Estado de Carolina del Norte, el Instituto de Innovación Educativa de los viernes y organizaciones basadas en la comunidad. El propósito de esta iniciativa es investigar y promover el poder de la voz entre los estudiantes históricamente desatendidos apoyando el aprendizaje de lecto-escritura en organizaciones educativas basadas en la comunidad. La iniciativa evalúa las necesidades de los jóvenes mediante el apoyo a la publicación de narrativas escritas por estudiantes y compartiendo sus experiencias con múltiples partes interesadas políticas y educativas.

Nuestras creencias

En la Iniciativa de Lecto-escritura y Comunidad, creemos que la lecto-escritura es:

1. **Compartida.** Creemos que el trabajo en lecto-escritura con y entre nuestras asociaciones comunitarias permite que múltiples partes interesadas en la educación (profesores, maestros, estudiantes, líderes comunitarios, miembros de la familia, etc.) hagan visibles los activos de los

estudiantes marginados dentro y fuera de la comunidad.
2. **Un avance para la equidad educativa**. Creemos que la lecto-escritura es poderosa y liberadora: leer, escribir y hablar no son solo herramientas, sino valores que conducen al cambio personal y social, especialmente para las poblaciones marginadas.
3. **Un vehículo para el compromiso de la comunidad**. Creemos que la lecto-escritura es un vehículo para el pensamiento crítico y la acción para el yo, la comunidad y el mundo (Freire, 1970). Por lo tanto, la lecto-escritura conduce a una mayor autoestima, acción crítica y ciudadanía global.
4. **Liderazgo**. Creemos que la lecto-escritura es una forma de liderazgo, y cuando la lecto-escritura está en manos de las poblaciones más vulnerables, podemos cerrar las brechas de logros y oportunidades comenzando con los estudiantes que lideran el camino.

La Iniciativa de Lecto-escritura y Comunidad está estructurada en torno al siguiente modelo de escritura, participación y liderazgo:

Escribir

El proceso de escritura de los estudiantes y la publicación de sus narrativas y experiencias educativas mejoran el aprendizaje de la lecto-escritura y amplifican las voces de los estudiantes.

Comprometer

El compromiso de los estudiantes con la lecto-escritura en organizaciones basadas en la comunidad capacita a múltiples partes interesadas en la educación para que aprendan con y desde jóvenes desatendidos para lograr la equidad educativa.

Dirigir

Leer, compartir y publicar narrativas les permite a los jóvenes liderar e inspirar a las comunidades a actuar y abogar por los jóvenes desatendidos.

About the LCI Leadership

Director: Dr. Crystal Chen Lee

Dr. Crystal Chen Lee is an Assistant Professor of English Language Arts and Literacy in the College of Education at North Carolina State University. Her research lies at the nexus of literacy, marginalized youth, and community organizations. She is the founding director of the Literacy & Community Initiative at NC State University. Dr. Lee is very excited about this book project with Juntos and is consistently encouraged by the youth writers. One of her greatest passions is empowering students' voices through reading, writing, and speaking. Dr. Lee began her teaching experience as a high school English teacher in New Jersey. She received her Ed.D. in Curriculum and Teaching from Columbia University, in New York City.

Co-Director: Dr. Jose Picart

Dr. Jose Picart serves as a senior faculty fellow at the Friday Institute for Educational Innovation at North Carolina State University. Dr. Picart is the co-director of the Literacy and Community Initiative. He also serves as a professor of counselor education in the College of Education and as the executive director of the Wake Promise.

The Wake Promise is a cross-sector community collaborative in Wake County with the mission to help increase the number of under-resourced youth in Wake County who graduate from high school and earn a postsecondary credential.

Dr. Jose Picart completed his undergraduate degree at West Point, the United States Military Academy, where he majored in engineering and humanities. Following his graduation from West Point, Dr. Picart served his country as a commissioned military officer for 28 years, rising through various command and staff positions to the rank of colonel. He earned his Master of Science and doctoral degrees in experimental cognitive psychology from the University of Oklahoma in Norman. In addition to his distinguished service in the field Army, Dr. Picart served for over 16 years on the faculty in the Department of Behavioral Sciences and Leadership at West Point, culminating with his appointment as the director of psychology studies. In 1994, Dr. Picart was the recipient of a prestigious American Council on Education (ACE) fellowship.

At NC State University, Dr. Picart has served in various leadership positions including the vice provost for academic programs and services, vice provost for diversity and inclusion, interim dean of the College of Education, and special assistant to the provost for university outreach and engagement. In 2015, Dr. Picart was recognized as a professor emeritus and distinguished faculty alumnus in a ceremony at West Point. His current research and writings are focused on intrinsic motivation, self-determination theory, and leadership for campus diversity.

**Project Coordinator and Book Editor:
María Heysha Carrillo Carrasquillo, M.Ed.**

Heysha is a doctoral student in the Department of Teacher Education and Learning Sciences who specializes in Educational Equity at NC State. She is a Puerto Rican bilingual educator who has worked in North Carolina for nine years, teaching in schools and facilitating programs in community-based organizations. She received her M.Ed. in early childhood intervention and family studies at the University of North Carolina at Chapel Hill and her B.A. in elementary education with a concentration in teaching English to Spanish speakers and a minor in Italian and French from the University of Puerto Rico at Río Piedras.

Sobre el liderazgo en el LCI

Directora: Dr. Crystal Chen Lee

La Dra. Crystal Chen Lee es profesora asistente de artes del lenguaje inglés y lecto-escritura en la Facultad de Educación de la Universidad Estatal de Carolina del Norte. Su investigación se encuentra en el nexo de la lecto-escritura, la juventud marginalizada y las organizaciones comunitarias. Es la directora fundadora de la Iniciativa de Lecto-escritura y Comunidad (LCI) de la Universidad Estatal de Carolina del Norte. La Dr. Lee está muy entusiasmada con este proyecto de libro con Juntos ya que los jóvenes escritores la alientan constantemente. Una de sus mayores pasiones es empoderar las voces de los estudiantes a través de la lectura, la escritura y la expresión oral. La Dra. Lee comenzó su experiencia docente como profesora de inglés en una escuela secundaria en Nueva Jersey. Recibió su Ed.D. en Currículo y Enseñanza de la Universidad de Columbia en la Ciudad de Nueva York.

Co-Director: Dr. José Picart

El Dr. José Picart se desempeña como miembro principal de la facultad en el Instituto Friday para la Innovación Educativa en la Universidad Estatal de Carolina del Norte. El Dr. Picart es el codirector de la Iniciativa de Lecto-escritura y Comunidad. También se desempeña como profesor de educación de consejeros en la Facultad de Educación y como director ejecutivo de Wake Promise.

Wake Promise es una colaboración comunitaria intersectorial en el condado de Wake con la misión de ayudar a aumentar la cantidad de jóvenes de escasos recursos en el condado de Wake que se gradúan de la escuela secundaria y obtienen una credencial postsecundaria.

El Dr. José Picart completó su bachillerato en West Point, la Academia Militar de los Estados Unidos, donde se especializó en ingeniería y humanidades. Después de su graduación de West Point, el Dr. Picart sirvió a su país como oficial militar comisionado durante 28 años, ascendiendo a través de varios puestos de mando y estado mayor hasta el rango de coronel. Obtuvo su Maestría en Ciencias y su doctorado en psicología cognitiva experimental de la Universidad de Oklahoma en Norman. Además de su distinguido servicio en el ejército de campo, el Dr. Picart sirvió durante más de 16 años en la facultad del Departamento de Ciencias del Comportamiento y Liderazgo en West Point, que culminó con su nombramiento como director de estudios de psicología. En 1994, el Dr. Picart recibió una prestigiosa beca del Consejo Estadounidense de Educación (ACE).

En la Universidad Estatal de Carolina del Norte, el Dr. Picart se ha desempeñado en varios puestos de liderazgo, incluido el vicerrector de programas y servicios académicos, vicerrector de diversidad e inclusión, decano interino de la Facultad de Educación y asistente especial del rector de divulgación y participación universitaria. En 2015, el Dr. Picart fue reconocido como profesor emérito y ex alumno distinguido de la facultad en una ceremonia en West Point. Sus investigaciones y escritos actuales se centran en la motivación intrínseca, la teoría de la autodeterminación y el liderazgo para la diversidad del campus.

**Coordinadora del Proyecto y editora del libro:
María Heysha Carrillo Carrasquillo, M.Ed.**

Heysha es una estudiante de doctorado en el Departamento de Educación Docente y Ciencias del Aprendizaje y se especializa en Equidad Educativa en NC State. Ella es una educadora bilingüe puertorriqueña que ha trabajado en Carolina del Norte durante nueve años, enseñando en escuelas y facilitando programas en organizaciones comunitarias. Recibió su M.Ed. en intervención en la niñez temprana y estudios de la familia en la Universidad de Carolina del Norte en Chapel Hill y su B.A. en educación elemental con concentración en la enseñanza del inglés a hispanohablantes y una especialización en italiano y francés de la Universidad de Puerto Rico en Río Piedras.

Made in the USA
Middletown, DE
23 May 2023

31294079R00086